Kurzgrammatik

Latein-KOMPAKT

STARK

Inhalt

Autorin: Maria Krichbaumer

Vorwort

Liebe Schülerinnen und Schüler,

diese Kurzgrammatik dient Ihnen zur **Vorbereitung auf Schulaufgaben und Klassenarbeiten** und Tests sowie zum schnellen **Schließen von Wissenslücken**.

Sie bietet kompakt, aber doch so gründlich, dass Sie ein grammatikalisches Phänomen in all seinen wichtigen Elementen erfassen und wiederholen können, v. a.

- die lateinische **Formenlehre** (Nomina, Verben),
- die **Kasus- und Satzlehre** und
- die für die lateinische Sprache so prägenden **Nominalformen im Satz** wie AcI, Ablativus absolutus, u. a.

Zahlreiche – aus Gründen der schnellen **Verständlichkeit** und besseren **Einprägsamkeit** – bewusst einfach gehaltene Beispielsätze verdeutlichen Ihnen die Regeln und deren Verwendung.

Sie können **einzelne Phänomene** herausgreifen und diese **schnell und effektiv wiederholen**; der Band richtet sich aber auch an diejenigen, die die **zentralen Inhalte der lateinischen Grammatik** kompakt zusammengefasst noch einmal ganz wiederholen wollen.

Grammatikthemen und lateinische Vokabeln, die vorwiegend für die **Lektüre-Phase** von Bedeutung sind, erkennen Sie an den Markierungen mit einem blauen Stern (*). Auch einige Ausnahmen, die nicht aktiv beherrscht werden müssen, sind auf diese Weise gekennzeichnet.

Zu einigen grammatischen Themen gibt es **zusätzlich Lernvideos**. Auf der folgenden Seite befindet sich ein QR-Code, den Sie mithilfe Ihres Smartphones oder Tablets scannen können. So gelangen Sie schnell zu den Lernvideos.

Ich wünsche Ihnen viel Erfolg bei der Wiederholung und vor allem bei der Anwendung des Gelernten im Unterricht und in Prüfungen!

Maria Krichbaumer

Maria Krichbaumer

 Im Hinblick auf eine eventuelle Begrenzung des Daten-
volumens wird empfohlen, dass Sie sich beim Anse-
hen der Videos im WLAN befinden. Haben Sie keine
Möglichkeit, den QR-Code zu scannen, finden Sie die
Lernvideos auch gesammelt unter:
http://qrcode.stark-verlag.de/906013V

Nomina

„Nomen" (Namenwort, Nennwort) ist die zusammenfassende Bezeichnung für die deklinierbaren Wortarten.

- Zu den Nomina zählen
  1. Substantive   orator, -oris, *m.*
  2. Adjektive   bonus, bona, bonum
  3. Pronomina   ille, illa, illud
  4. Zahlwörter (Numeralia)   duo, duae, duo

- Ein Nomen ist bestimmt durch:
  1. **Genus** (Geschlecht, d. h. maskulin, feminin oder neutrum)
  2. **Numerus** (Zahl, d. h. Singular oder Plural)
  3. **Kasus** (Fall)

- Das Genus ist meist durch die **Deklination** festgelegt, zu der das Substantiv gehört (**grammatisches Gechlecht**). Einige wenige Substantive folgen dem **natürlichen Geschlecht**.

  aqua, -ae, f.
  das Wasser

  poeta, -ae, <u>*m.*</u>
  der Dichter

Die Bildung aller Nomina lässt sich folgendermaßen beschreiben:

- Ein Nomen besteht aus:
  <u>**Wurzel + Suffix**</u> + **Endung**
      Wortstamm

  oratores:
  ora - tor - es
  Wurzel   Suffix   Endung

- Der **Auslaut** des Wortstammes („Kennlaut" der Deklination) ist oft mit der **Endung** verschmolzen.

  cur-<u>ae</u>

- Beide zusammen bezeichnet man als **Ausgang**, den **Stamm** ohne Stammauslaut als **Wortstock**, sodass man bei der Zusammensetzung meist Wortstock und Ausgang unterscheidet.

  curarum:

  Wortstock   Ausgang
  cur - a   rum
      Stamm   Endung

Die **Beugung (Flexion)** eines Nomens bezeichnet man als **Deklination**. Nach dem Stammauslaut lassen sich im Lateinischen sechs Deklinationsklassen unterscheiden, die man der Zählung nach in der Regel zu fünf Deklinationen zusammenfasst:

• **a**-Deklination	1. Deklination
• **o**-Deklination	2. Deklination
• **Konsonantenstämme**[1]	
• **i-Stämme** (+ Mischklasse)	3. Deklination
• **u**-Deklination	4. Deklination
• **e**-Deklination	5. Deklination

[1] Der Stammauslaut ist hier ein Konsonant.

Im Lateinischen gibt es sechs Kasus (Fälle):

Kasus	Fragen
Nom.	wer? was?
Gen.	wessen?
Dat.	wem?
Akk.	wen? was?
Vok.	(Anrede)
Abl.	wovon? wodurch? womit?

• Der **Vokativ** entspricht in der Regel dem **Nominativ** und wird deshalb in Deklinationsschemata nicht extra angeführt. Nur die Maskulina der o-Deklination auf *-us*[2] haben im Singular eine eigene Vokativ-Endung (-e).	Ubi es, Claudia? Ubi es, mater? Ubi es, domine?
• Die **Neutra** haben im **Nominativ und Akkusativ** (Singular und Plural) stets die **gleiche Endung**.	
• Dativ und Ablativ Plural haben stets die gleiche Endung.	

[2] Dies gilt für die Substantive und die Adjektive auf -us der o-Deklination. Der Vokativ ist in den Deklinationstabellen hier nur bei den Substantiven der o-Deklination gesondert aufgeführt.

1 Substantive

1.1 Die Substantive der a-Deklination

- Der Stammauslaut der Substantive der a-Deklination ist **a**.

- Nach dem grammatischen Geschlecht sind die Substantive der a-Deklination **Feminina**.

domina iusta
cura mala

	Singular		**Plural**	
Nom.	cur-**a**	domin-**a**	cur-**ae**	domin-**ae**
Gen.	cur-**ae**	domin-**ae**	cur-**arum**	domin-**arum**
Dat.	cur-**ae**	domin-**ae**	cur-**is**	domin-**is**
Akk.	cur-**am**	domin-**am**	cur-**as**	domin-**as**
Abl.	cur-**a**	a domin-**a**	cur-**is**	a domin-**is**

Ausnahmen zum Genus
(nach dem natürlichen Geschlecht)
poeta, -ae, m.
conviva, -ae, m.*
pirata, -ae, m.
nauta, -ae, m.

poeta clarus
conviva iucundus
pirata malus
nauta bonus

1.2 Die Substantive der o-Deklination

- Die Substantive der o-Deklination sind **Maskulina** bei Ausgang **-us** und **-er**, **Neutra** bei Ausgang **-um**.

dominus iustus
puer laetus
vinum bonum

- Die Maskulina auf *-us* haben im Singular eine eigene Vokativendung (*-e*)[1].

Ubi es, Marc_e_?

[1] Bei den Maskulina auf *-ius* entfällt das *-e*, z. B. lautet der Vokativ von *filius: fili*.

Singular

	m.			n.
Nom.	domin-us	puer	ager	verb-um
Gen.	domin-i	puer-i	agr-i	verb-i
Dat.	domin-o	puer-o	agr-o	verb-o
Akk.	domin-um	puer-um	agr-um	verb-um
Vok.	domin-e	puer	(ager)	(verb-um)
Abl.	a domin-o	a puer-o	in agr-o	verb-o

Plural

	m.			n.
Nom.	domin-i	puer-i	agr-i	verb-a
Gen.	domin-orum	puer-orum	agr-orum	verb-orum
Dat.	domin-is	puer-is	agr-is	verb-is
Akk.	domin-os	puer-os	agr-os	verb-a
Abl.	a domin-is	a puer-is	agr-is	verb-is

Ausnahmen zum Genus*

- Alle Städte- und Ländernamen auf   Corinthus antiqua
  -*us* sind feminin.
- *humus, -i,* f.   der Boden, die Erde   humus arida[1]
- *vulgus, -i,* n.   das Volk   vulgus excitatum

[1] aridus, -a, -um: trocken

1.3   Die Substantive der 3. Deklination

Die oft sogenannte 3. Deklination ist die vielfältigste und umfasst die meisten Substantive, die die lateinische Sprache kennt. Man kann sie in **drei** verschiedene Gruppen gliedern:
- Konsonantenstämme (oder „Konsonantische Deklination"),
- i-Stämme (oder „i-Deklination"),
- Mischklasse (oder „Mischdeklination").

1.3.1 Konsonantenstämme („Konsonantische Deklination")

- Die Konsonantenstämme umfassen Substantive aller Genera.

- Die Endungen treten an den bloßen Wortstamm[1]. Diesen erhält man, indem man beim Genitiv die Endung *-is* wegstreicht.

orator, <u>orator</u>-is
arx, <u>arc</u>-is
lumen, <u>lumin</u>-is

Maskulina sind die Substantive
- auf *-l, -lis*
- auf *-or, -oris*
  (auf *-er, -(e)ris*)
- auf *-os, -oris*
- auf *-es, -itis*

alter consul (consulis)
orator (oratoris) clarus

mos (moris) antiquus
miles (militis) Romanus

Feminina sind die Substantive
- auf *-o, -onis* und
  auf *-o, -inis*
- auf *-as, -atis*; (auf *-es, -etis/-edis*),
  (auf *-os, -otis*) und auf *-us, -utis*
- auf *-s* (nach *k*-Laut → *x*)

oratio (orationis) clara
imago (imaginis) praeclara
civitas (civitatis) Romana
magna virtus (virtutis)
lex (legis) iusta
plebs (plebis) Romana

Neutra sind die Substantive
- auf *-men, -minis*
- auf *-us, -oris* und
  -us, -eris

carmen (carminis) pulchrum
litus (litoris) molle
sidus (sideris) clarum

[1] außer in einigen Fällen im Nominativ

	Singular		Plural	
Nom.	orator	civitas	orator-**es**	civitat-**es**
Gen.	orator-**is**	civitat-**is**	orator-**um**	civitat-**um**
Dat.	orator-**i**	civitat-**i**	orator-**ibus**	civitat-**ibus**
Akk.	orator-**em**	civitat-**em**	orator-**es**	civitat-**es**
Abl.	ab orator-**e**	a civitat-**e**	ab orator-**ibus**	a civitat-**ibus**

Ausnahmen zum Genus*

Feminina sind alle Substantive auf -or oder -er, die **Frauen** bezeichnen.

uxor (uxoris) bona

Folgende weitere Substantive haben von der Regel abweichendes Genus:

arbor, -oris, f.	der Baum	arbor alta
tellus, -uris, f.*	die Erde	tellus nigra
aequor, -oris, n.	das Meer	aequor vastum
iter, itineris, n.	der Weg, die Reise	longum iter
ver, veris, n.	der Frühling	ver iucundum
os, oris, n.	der Mund	parvum os
sermo, -onis, m.	die Rede	sermo longus
homo, -inis, m.	der Mensch	homo bonus
ordo, ordinis, m.	die Ordnung, der Stand	ordo senatorius
custos, -odis, m.	der Wächter	custos bonus
sacerdos, -otis, m.	der Priester	sacerdos pius
pes, pedis, m.	der Fuß	pes dexter
dux, ducis, m.	der Führer, Feldherr	dux fortis
iudex, iudicis, m.	der Richter	iudex severus
rex, regis, m.	der König	rex bonus
senex, senis, m.	der Greis, alte Mann	senex infirmus
princeps, -cipis, m.	der Erste, führende Mann, Fürst	princeps bonus

1.3.2 i-Stämme („i-Deklination")

Die reinen i-Stämme haben in allen Kasus, ausgenommen Nom. und Akk. Sg. des Neutrums, den **Stammauslaut -i**.

Zu den i-Stämmen gehören:

* die folgenden gleichsilbigen Feminina auf **-is, -is**

vis (vim, vi), f.	die Kraft, Gewalt	magna vis
Pl. vires, -ium, f.	die Kräfte, Streit-kräfte, Truppen	vires ingentes

seltener:

febris, -is, f.	das Fieber	febris mala
sitis, -is, f.	der Durst	sitis mala
turris, -is, f.	der Turm	turris alta

* die Neutra auf **-e, -al** und **-ar**

mare, -is, n.	das Meer	mare altum
animal, -lis, n.	das Lebewesen, Tier	animal terribile
		exemplar egregium

	Singular		Plural	
Nom.	turr-**is**	mar-**e**	turr-**es**	mar-**ia**
Gen.	turr-**is**	mar-**is**	turr-**ium**	mar-**ium**
Dat.	turr-**i**	mar-**i**	turr-**ibus**	mar-**ibus**
Akk.	turr-**im**	mar-**e**	turr-**es** (-**is**)	mar-**ia**
Abl.	turr-**i**	mar-**i**	turr-**ibus**	mar-**ibus**

Ausnahme zum Genus*

Tiberis, -is, m.	der Tiber	Tiberis altus

1.3.3 Mischklasse

- Die Substantive der Mischklasse bilden
  1. wie die reinen i-Stämme den Gen. Pl. auf *-ium*
  2. wie die Konsonantenstämme den Akk. Sg. auf *-em*, den Abl. Sg. auf *-e*

- Sie sind Feminina.

- Zur Mischklasse gehören:
  1. Substantive auf *-s* mit vorausgehendem Konsonanten   magna pars (partis)

  2. Gleichsilbige Substantive auf *-es* und *-is*   nubes (nubis) atra
     navis (navis) longa

	Singular		Plural	
Nom.	nav-is	pars	nav-es	part-es
Gen.	nav-is	part-is	nav-ium	part-ium
Dat.	nav-i	part-i	nav-ibus	part-ibus
Akk.	nav-em	part-em	nav-es	part-es
Abl.	nav-e	part-e	nav-ibus	part-ibus

Ausnahmen zum Genus*

collis, -is, m.	der Hügel	collis arduus
finis, -is, m.	das Ende, die Grenze	finis exspectatus
ignis, -is, m.	das Feuer	ignis calidus
mensis, -is, m.	der Monat	mensis Martius
orbis, -is, m.	der Kreis	magnus orbis (terrarum)

dens, dentis, m.	der Zahn	dens albus
fons, fontis, m.	die Quelle	fons clarus
mons, montis, m.	der Berg	mons altus
pons, pontis, m.	die Brücke	pons altissimus

Ausnahmen zur Kasusbildung
Den Genitiv Plural auf **-um** bilden:

canis, -is, m.	der Hund	clamor canum
iuvenis, -is, m.	der junge Mann	multitudo iuvenum
sedes, -is, f.	der Wohnsitz	pulchritudo sedum

1.4 Die Substantive der u-Deklination

- Die Substantive der u-Deklination haben in fast allen Kasus den **Stammauslaut -u**.

- Die Substantive der u-Deklination sind **Maskulina**. Neutrum ist nur: *cornu, -us* (das Horn).

casus malus

	Singular		Plural	
	m.	n.	m.	n.
Nom.	exercit-**us**	corn-**u**	exercit-**us**	corn-**ua**
Gen.	exercit-**us**	corn-**us**	exercit-**uum**	corn-**uum**
Dat.	exercit-**ui**	corn-**u**	exercit-**ibus**	corn-**ibus**
Akk.	exercit-**um**	corn-**u**	exercit-**us**	corn-**ua**
Abl.	exercit-**u**	corn-**u**	exercit-**ibus**	corn-**ibus**

Ausnahmen zum Genus

manus, -us, f.	die Hand, Schar	manus dextra
porticus, -us, f.*	die Säulenhalle	porticus pulchra
domus, -us, f.[1]	das Haus	domus ampla
Idus, -uum, f. (Pl.)	die Iden	Idus Martiae

[1] z. T. nach der o-Deklination dekliniert (Abl. Sg.: *domo*; Gen. Pl. *domuum / -orum*, Akk. Pl. *domos*)

1.5 Die Substantive der e-Deklination

- Die Substantive der e-Deklination haben in fast allen Kasus den **Stammauslaut -e**.

- Die Substantive der e-Deklination sind **Feminina**. res bona

	Singular		Plural	
Nom.	r-**es**	di-**es**	r-**es**	di-**es**
Gen.	r-**ei**	di-**ei**	r-**erum**	di-**erum**
Dat.	r-**ei**	di-**ei**	r-**ebus**	di-**ebus**
Akk.	r-**em**	di-**em**	r-**es**	di-**es**
Abl.	r-**e**	di-**e**	r-**ebus**	di-**ebus**

Ausnahmen zum Genus

dies, diei, m.	der Tag	dies festus
meridies, -ei, m.	der Mittag, Süden	meridies tranquillus

2 Adjektive

- Adjektive (Eigenschaftswörter) sind in Kasus, Numerus und Genus an ein Substantiv angeglichen. Dies nennt man **Kongruenz**.

  domina iusta
  dominae iustae
  domini iusti

- Adjektive werden von der o-/a-Deklination und von der 3. Deklination gebildet.

  bonus, bona, bonum
  acer, acris, acre
  felix (felicis)

2.1 Adjektive der o-/a-Deklination

- Die Adjektive der o-/a-Deklination sind **dreiendig**: Sie bilden für jedes Genus eine eigene Form.

- Sie enden auf **-us, -a, -um** oder auf **-er, -(e)ra, -(e)rum**.

  bonus, bona, bonum
  niger, nigra, nigrum

	Singular			Plural		
	m.	f.	n.	m.	f.	n.
Nom.	bon-us	bon-a	bon-um	bon-i	bon-ae	bon-a
Gen.	bon-i	bon-ae	bon-i	bon-orum	bon-arum	bon-orum
Dat.	bon-o	bon-ae	bon-o	bon-is	bon-is	bon-is
Akk.	bon-um	bon-am	bon-um	bon-os	bon-as	bon-a
Abl.	bon-o	bon-a	bon-o	bon-is	bon-is	bon-is
Nom.	niger	nigr-a	nigr-um	nigr-i	nigr-ae	nigr-a
Gen.	nigr-i	nigr-ae	nigr-i	nigr-orum	nigr-arum	nigr-orum
Dat.	nigr-o	nigr-ae	nigr-o	nigr-is	nigr-is	nigr-is
Akk.	nigr-um	nigr-am	nigr-um	nigr-os	nigr-as	nigr-a
Abl.	nigr-o	nigr-a	nigr-o	nigr-is	nigr-is	nigr-is

2.2 Adjektive der 3. Deklination

Adjektive der 3. Deklination gehören den **i-Stämmen** an: Sie bilden
- den **Abl. Sg.** auf *-i*
- den **Gen. Pl.** auf *-ium*
- den **Nom. / Akk. Pl. n.** auf *-ia*
- jedoch den **Akk. Sg.** auf *-em*

Die 3. Deklination bildet
- dreiendige (m., f., n.),
- zweiendige (m./f., n.) und
- einendige (m./f./n.) Adjektive.

acer, acris, acre
fortis, forte
felix

2.2.1 Dreiendige Adjektive

	Singular			Plural		
	m.	f.	n.	m.	f.	n.
Nom.	acer	acr-**is**	acr-**e**	acr-**es**	acr-**es**	acr-**ia**
Gen.	acr-**is**	acr-**is**	acr-**is**	acr-**ium**	acr-**ium**	acr-**ium**
Dat.	acr-**i**	acr-**i**	acr-**i**	acr-**ibus**	acr-**ibus**	acr-**ibus**
Akk.	acr-**em**	acr-**em**	acr-**e**	acr-**es**	acr-**es**	acr-**ia**
Abl.	acr-**i**	acr-**i**	acr-**i**	acr-**ibus**	acr-**ibus**	acr-**ibus**

2.2.2 Zweiendige Adjektive

	Singular		Plural	
	m./f.	n.	m./f.	n.
Nom.	fortis	fort-**e**	fort-**es**	fort-**ia**
Gen.	fort-**is**	fort-**is**	fort-**ium**	fort-**ium**
Dat.	fort-**i**	fort-**i**	fort-**ibus**	fort-**ibus**
Akk.	fort-**em**	fort-**e**	fort-**es**	fort-**ia**
Abl.	fort-**i**	fort-**i**	fort-**ibus**	fort-**ibus**

2.2.3 Einendige Adjektive

	Singular		Plural	
	m./f.	n.	m./f.	n.
Nom.	felix	felix	felic-**es**	felic-**ia**
Gen.	felic-**is**	felic-**is**	felic-**ium**	felic-**ium**
Dat.	felic-**i**	felic-**i**	felic-**ibus**	felic-**ibus**
Akk.	felic-**em**	felix	felic-**es**	felic-**ia**
Abl.	felic-**i**	felic-**i**	felic-**ibus**	felic-**ibus**

Ausnahmen

Die folgenden einendigen Adjektive
gehören zu den Konsonanten-
stämmen und bilden daher:

- den **Abl. Sg.** auf *-e*
- den **Gen. Pl.** auf *-um*
- den **Nom./Akk. Pl. n.** auf *-a*.

dives, divitis	reich	cum amico divite
vetus, veteris	alt	amicorum veterum
pauper, -eris	arm	cum amica paupere
princeps, -cipis	führend; der erste	virorum principum

2.3 Die Komparation der Adjektive

Man unterscheidet bei der Steigerung drei Vergleichsstufen:
• Positiv (Grundstufe),
• Komparativ (erste Steigerungsstufe) und
• Superlativ (zweite Steigerungsstufe, „Höchststufe").

2.3.1 Formen

Komparativ

• Der Komparativ ist zweiendig.

• An den Wortstamm des Adjektivs wird *-ior/-ioris* bei m./f. und *-ius/-ioris* bei n. angefügt.

longus	→	longior, longius
miser	→	miserior, miserius
pulcher	→	pulchrior, pulchrius
brevis	→	brevior, brevius
ingens	→	ingentior, ingentius

• Die Deklination entspricht der der Konsonantenstämme auf -r.

Superlativ

• Der Superlativ ist dreiendig.

• An den Wortstamm des Adjektivs wird *-issimus, -a, -um* angehängt.

longus	→	long-issimus, -a, -um
brevis	→	brev-issimus, -a, -um
ingens	→	ingent-issimus, -a, -um

• Bei den Adjektiven auf *-er* wird *-rimus, -a, -um* angehängt.

miser	→	miser-rimus, -a, -um
celer	→	celer-rimus, -a, -um

• Bei den Adjektiven auf *-ilis* wird *-limus, -a, -um* angehängt.

facilis	→	facil-limus, -a, -um
humilis	→	humil-limus, -a, -um

• Der Superlativ wird dekliniert wie ein Adjektiv der a-/o-Deklination.

Besonderheiten

Unregelmäßige Steigerungsformen haben die Adjektive *bonus, malus, magnus, parvus* sowie *multum* bzw. *multi, -ae, -a.*

Positiv	Komparativ	Superlativ
bonus, -a, -um	melior, -ius	optimus, -a, -um
malus, -a, -um	peior, -ius	pessimus, -a, -um
magnus	maior, -ius	maximus, -a, -um
parvus, -a, -um	minor, -us	minimus, -a, -um
multum	plus	plurimum
multi, -ae, -a	plures, -a	plurimi, -ae, -a

2.3.2 Übersetzung

Komparativ

- In einem Vergleich drückt der Komparativ ein „Mehr" oder „Weniger" aus (größer, schöner, schlechter, …). Im Deutschen wird analog mit Komparativ übersetzt.

  Marcus <u>celerior</u> quam frater est.
  Markus ist <u>schneller</u> als sein Bruder.

- Bei Fehlen einer Vergleichsgröße hat der Komparativ eine **verstärkende oder abschwächende Wirkung**. Sie wird im Deutschen wiedergegeben durch „zu", „ziemlich" oder „etwas".

  oratio longior
  eine <u>zu</u> (ziemlich, etwas) lange Rede

Superlativ

- In einem Vergleich bezeichnet der **Superlativ** den **höchsten Grad**. Im Deutschen wird er analog mit Superlativ wiedergegeben.

  equus celerrimus
  das <u>schnellste</u> Pferd

- Der Superlativ kann jedoch auch einen (lediglich) **sehr hohen Grad** meinen (sog. „Elativ"). Im Deutschen wird dies ausgedrückt durch die Einfügung von „sehr", „äußerst".

  equus celerrimus
  ein <u>sehr</u> schnelles Pferd

3 Pronomina

Ein Pronomen (Fürwort) kann
- für ein Nomen (Substantiv oder   hic
  Adjektiv) stehen,   *dieser*

- ein Nomen näher bestimmen,   ille vir
  jener Mann

- etwas verallgemeinern.   quacumque ratione
  auf jede beliebige Weise

3.1 Personalpronomina

- Personalpronomina sind **persön-**
  liche Fürwörter.
  Im Lateinischen gibt es folgende
  Personalpronomina:
  ego ich   *nos* wir
  tu du   *vos* ihr

- Die Personalpronomina der   Id mihi placet.
  3. Person ersetzt: *Dies (Es) gefällt mir.*
  is, ea, id   er, sie, es
  ii, eae, ea   sie, es

  Bei reflexiven Formen wird das   Se ipsum amat.
  Reflexivpronomen verwendet.   *Er liebt sich selbst.*

	Singular			Plural		
	1. Pers.	**2. Pers.**	**3. Pers.**	**1. Pers.**	**2. Pers.**	**3. Pers.**
Nom.	ego	tu	–	nos	vos	–
Gen.	mei	tui	sui	nostri	vestri	sui
Dat.	mihi	tibi	sibi	nobis	vobis	sibi
Akk.	me	te	se	nos	vos	se
Abl.	a me	a te	a se	a nobis	a vobis	a se
	mecum	tecum	secum	nobiscum	vobiscum	secum

Besonderheiten

- Der Nominativ wird nur bei besonderer Hervorhebung verwendet.

  <u>Ego</u> hoc feci.
  Ich (selbst; kein anderer!) habe das gemacht.

- Beim Genitivus partitivus (vgl. S. 92) steht statt *nostri: nostrum* und statt *vestri: vestrum*.

  Quis vestrum?
  Wer von euch?

3.2 Possessivpronomina

- Das Possessivpronomen ist das **besitzanzeigende Fürwort.**

  domus <u>mea</u>
  <u>*mein*</u> *Haus*

- Das Possessivpronomen wird wie ein Adjektiv der o- / a-Deklination dekliniert:

meus, -a, -um	mein
tuus, -a, -um	dein
suus, -a, -um	sein, ihr
noster, -tra, -trum	unser
vester, -tra, -trum	euer
suus, -a, -um	ihr (Pl.)

- Meist stehen Possessivpronomina nach ihrem Bezugswort; will man sie jedoch hervorheben, stehen sie vor diesem.

  <u>nostra</u> opera
  <u>*unsere*</u> *Werke*
  (im Gegensatz zu den Werken anderer)

- Für die **nicht-reflexiven Formen** werden in der **3. Person** die Genitiv-Formen von *is, ea, id* als Ersatz verwendet.

  Cicero orator egregius erat.
  Orationes <u>eius</u> adhuc leguntur.
  Cicero war ein hervorragender Redner. <u>*Seine*</u> *Reden werden noch heute gelesen.*

- Oft fehlen die Possessivpronomina, wenn die Zuordnung klar ist.

  Liberi parentes amant.
  Die Kinder lieben <u>*ihre*</u> *Eltern.*

3.3 Demonstrativpronomina

Ein Demonstrativpronomen ist ein **hinweisendes Fürwort**.

Im Lateinischen gibt es folgende Demonstrativpronomina:

- *hic, haec, hoc*   dieser (hier)

  Hinweis auf etwas räumlich oder zeitlich **Naheliegendes**.

  hic vir
  dieser Mann (hier)

	Singular			Plural		
	m.	f.	n.	m.	f.	n.
Nom.	hic	haec	hoc	hi	hae	haec
Gen.	huius	huius	huius	horum	harum	horum
Dat.	huic	huic	huic	his	his	his
Akk.	hunc	hanc	hoc	hos	has	haec
Abl.	hoc	hac	hoc	his	his	his

- *iste, ista, istud*   dieser (da)

  Hinweis auf ein **Gegenüber**; oft in **verächtlichem** Sinn.

  iste adulescens
  dieser junge Mann da (im Sinne von: dieser junge Taugenichts)

	Singular			Plural		
	m.	f.	n.	m.	f.	n.
Nom.	iste	ista	istud	isti	istae	ista
Gen.	istius	istius	istius	istorum	istarum	istorum
Dat.	isti	isti	isti	istis	istis	istis
Akk.	istum	istam	istud	istos	istas	ista
Abl.	isto	ista	isto	istis	istis	istis

- *ille, illa, illud*   jener (dort)

  1. Hinweis auf etwas räumlich oder zeitlich **Fernliegendes**.

     illis temporibus
     zu jenen (fernen) Zeiten

  2. Hinweis auf etwas **Bekanntes** oder Berühmtes.

     ille Socrates
     jener (berühmte) Sokrates

  Ille, illa, illud folgt der Deklination von *iste, ista, istud*.

- *ipse, ipsa, ipsum*   selbst, persönlich

  1. Identifizierung einer Person oder Sache.

     Romae pontificem maximum ipsum vidi.
     In Rom habe ich den Papst selbst (persönlich) gesehen.

  2. Nachdrückliche Betonung, dass jemand in eigener Person gemeint ist. Im Deutschen kann die Übersetzung mit **„schon"**, **„gerade"** oder **„an sich"** der Hervorhebung dienen.

     eo ipso tempore
     gerade zu dieser Zeit

	Singular			Plural		
	m.	f.	n.	m.	f.	n.
Nom.	ipse	ipsa	ipsum	ipsi	ipsae	ipsa
Gen.	ipsius	ipsius	ipsius	ipsorum	ipsarum	ipsorum
Dat.	ipsi	ipsi	ipsi	ipsis	ipsis	ipsis
Akk.	ipsum	ipsam	ipsum	ipsos	ipsas	ipsa
Abl.	ipso	ipsa	ipso	ipsis	ipsis	ipsis

- **is, ea, id**   der; dieser; derjenige; er

1. Hinweis auf etwas **schon Erwähntes** oder Vorliegendes.

   M. Romae est. <u>Eam</u> urbem amat.
   M. ist in Rom. <u>Diese</u> Stadt liebt er.

2. Ersatz für **Personal- / Possessivpronomina** der **3. Person.**

   Parentes <u>eius ei</u> saepe litteras dant.
   <u>Seine</u> Eltern schreiben <u>ihm</u> oft.

3. **Vorausweisend** auf ein folgendes Relativpronomen.

   <u>Id</u>, quod fecisti, malum est.
   <u>Das</u>, was du getan hast, ist schlimm.

	Singular			Plural		
	m.	**f.**	**n.**	**m.**	**f.**	**n.**
Nom.	is	ea	id	ii (ei; i)	eae	ea
Gen.	eius	eius	eius	eorum	earum	eorum
Dat.	ei	ei	ei	eis (iis)	eis (iis)	eis (iis)
Akk.	eum	eam	id	eos	eas	ea
Abl.	eo	ea	eo	eis (iis)	eis (iis)	eis (iis)

- **idem, eadem, idem**   derselbe, der gleiche

  Verweis auf eine **Identität.**

  Idem, eadem, idem folgt der Deklination von *is, ea, id.*

  Eadem monumenta nobis placent.
  Uns gefallen die gleichen Denkmäler.

	Singular			Plural		
	m.	**f.**	**n.**	**m.**	**f.**	**n.**
Nom.	idem	eadem	idem	iidem	eaedem	eadem
Gen.	eiusdem	eiusdem	eiusdem	eorundem	earundem	eorundem
Dat.	eidem	eidem	eidem	eis-/iisdem	eis-/iisdem	eis-/iisdem
Akk.	eundem	eandem	idem	eosdem	easdem	eadem
Abl.	eodem	eadem	eodem	eis-/iisdem	eis-/iisdem	eis-/iisdem

3.4 Interrogativpronomina

> Ein Interrogativpronomen ist ein
> **fragendes Fürwort.**
>
> Im Lateinischen gibt es folgende
> Interrogativpronomina:
>
> • *quis? quid?*   wer? was?
>   (substantivisch)

Quis mihi auxilio venit?
Wer kommt mir zu Hilfe?

	m./f.		n.	
Nom.	quis	*wer?*	quid	*was?*
Gen.	cuius	*wessen?*	cuius	*wessen?*
Dat.	cui	*wem?*	cui	*(wofür?)*
Akk.	quem	*wen?*	quid	*was?*
Abl.	a quo	*von wem?*	quo	*wovon? wodurch?*

> • *qui? quae?*   welcher? welche?
>   *quod?*   welches?
>
> Das adjektivische *qui? quae? quod?*
> wird dekliniert wie das Relativ-
> pronomen (S. 22)

Quae urbs tibi maxime placet?
Welche Stadt gefällt dir am meisten?

> • *uter? utra?*   welcher (welche,
>   *utrum?*   welches) von
>   (substantivisch und   beiden?
>   adjektivisch)

Romae et Athenis fuisti. Utra urbs
tibi magis placet?
*Du warst in Rom und Athen.
Welche der beiden Städte gefällt dir
mehr (besser)?*

	m.	f.	n.
Nom.	uter	utra	utrum
Gen.	utrius	utrius	utrius
Dat.	utri	utri	utri
Akk.	utrum	utram	utrum
Abl.	utro	utra	utro

3.5   Das Relativpronomen

Das Relativpronomen ist das bezügliche Fürwort.

- *qui, quae, quod* — der (welcher), die, das

Das Relativpronomen bezieht sich auf ein Nomen im übergeordneten Satz, gelegentlich auf den Inhalt des ganzen Satzes.

Nuntius, quem diu exspectaveram, heri tandem venit.
Der Bote, auf den ich lange gewartet hatte, ist gestern endlich gekommen.

	Singular			Plural		
	m.	f.	n.	m.	f.	n.
Nom.	qui	quae	quod	qui	quae	quae
Gen.	cuius	cuius	cuius	quorum	quarum	quorum
Dat.	cui	cui	cui	quibus	quibus	quibus
Akk.	quem	quam	quod	quos	quas	quae
Abl.	quo	qua	quo	quibus	quibus	quibus

3.6   Verallgemeinernde Pronomina

Zu den verallgemeinernden Pronomina gehören:

- *quisquis, quidquid* (substantivisch) — wer / was auch immer; jeder der / alles, was

Adjektivischer Gebrauch nur in der Redewendung quoquo modo *(auf jegliche Art und Weise)*

- *quicumque, quaecumque, quodcumque* (adjektivisch, Plural. auch substantivisch) — welcher ... auch immer; jeder erdenkliche ...

Der Bestandteil *qui, quae, quod* wird dekliniert wie das Relativpronomen; das Suffix *-cumque* bleibt stets gleich.

Quacumque ratione tibi subveniam.
Ich werde (will) dir auf jede erdenkliche Weise helfen.

3.7 Indefinitpronomina

Indefinitpronomina sind **unbestimmte Fürwörter**. Dazu gehören:

* **aliquis, aliquid**   irgendjemand,
  (substantivisch)   irgendetwas

  Semper aliquid haeret.
  Es bleibt immer irgendetwas hängen.

* **aliqui, aliqua,**   irgendein,
  aliquod   -eine, -ein
  (adjektivisch)

  alicuius rei causa
  irgendeiner Sache wegen

  Die Deklination folgt der von *quis / quid* bzw. *qui / quae / quod.*

  Besonderheit
  Nach *si, nisi, ne, num, quo, (quanto), ubi, cum* entfällt *ali-*.

  Vide, ne quid mali tibi accidat!
  Sieh zu, dass dir nichts Schlimmes geschieht!

* **quisquam,**   irgendjemand,
  quicquam   irgendein
  (substantivisch)

  Neque quicquam audivi nec vidi.
  Ich habe weder etwas gehört noch gesehen.

  In verneinten Sätzen gebraucht; die Deklination folgt *quis / quid*.

* **ullus, -a, -um**   irgendein, -eine
  (adjektivisch)

  sine ulla spe
  ohne jegliche Hoffnung

  In verneinten Sätzen gebraucht; die Deklination folgt der o- / a-Deklination; unregelmäßig sind jedoch **Gen. Sg. ullius** und **Dat. Sg. ulli.**

* **quidam, quaedam, quiddam**
  (substantivisch)

  } ein gewisser, bestimmter; im Pl. auch: einige, manche

* **quidam, quaedam, quoddam**
  (adjektivisch)

  quidam adulescens mihi nomine tantum notus
  ein (gewisser) junger Mann, der mir nur dem Namen nach bekannt ist

  Quidam putant …
  Manche glauben …

  Bezeichnung von jem. / etw., über den / das man nichts Näheres weiß.

  Das Suffix *-dam* bleibt undekliniert.

  Scio quosdam putare …

- *quisque,*   jeder, jede Sache
  quidque
  (substantivisch)

  Sibi quisque proximus est.
  Jeder ist sich selbst der Nächste.

- *quisque, quae-* jeder, jede, jedes
  que, quodque
  (adjektivisch)

  Quisque steht unmittelbar nach
  Pronomina, Superlativen oder Ord-
  nungszahlen.

  Suum cuique!
  Jedem das Seine!

  Dekliniert wird der Bestandteil *quis,
  quid* bzw. *qui, quae, quod.*

- *unusquisque,*   jeder Einzelne,
  unaquaeque,   ein jeder
  unumquodque
  (adjektivisch)

  Unumquemque vestrum rogavi.
  *Ich habe jeden Einzelnen von euch
  gefragt.*

  Dekliniert wird sowohl *quis, quid* als
  auch *unus, una, unum.*

- *quivis, quaevis,*
  quidvis
  (substantivisch)

- *quivis, quaevis,*
  quodvis
  (adjektivisch)

  quavis ratione
  auf jede beliebige Weise

  jeder Beliebige;
  alles, was

- *quilibet,*
  quaelibet,
  quidlibet
  (substantivisch)

- *quilibet, quae-*
  libet, quodlibet
  (adjektivisch)

  qualibet ratione
  auf jede beliebige Weise

  Dekliniert wird der Bestandteil *quis,
  quid* bzw. *qui, quae, quod.*

- *nullus, nulla, nullum*   keiner, keine, keines

  nullus, -a, -um wird dekliniert wie *unus, -a, -um* (vgl. S. 29)

  Nulli amicae occurristi.
  Du bist keiner Freundin begegnet.

- *nemo*   niemand

- *nihil*   nichts

  Die Deklination von *nemo* und *nihil* ist unregelmäßig.

	m./f.	n.
Nom.	nemo	nihil
Gen.	nullius	(nullius rei)
Dat.	nemini	(nulli rei)
Akk.	neminem	nihil
Abl.	a nullo	nulla re

3.8   Pronomina für Zweiheiten

- *uter? utra? utrum?*   welcher (welche, welches) von beiden?

- *uterque, utraque, utrumque*   jeder (jede, jedes) von beiden; beide

- *neuter, neutra, neutrum*   keiner (keine, keines) von beiden

- *alter, altera, alterum*   der (die, das) eine von beiden

- *alter ... alter*   der eine ... der andere (von beiden)

Die Deklination folgt der von *uter, utra, utrum* (S. 21); bei *uterque* bleibt das Suffix *-que* unverändert.

Utrique eadem placent.
Beiden (Jedem von beiden) gefällt dasselbe.

3.9 Pronominaladjektive

- *unus, -a, -um*   einer, einzig

- *totus, -a, -um*   ganz

- *solus, -a, -um*   allein

  totus und *solus* werden wie *unus* dekliniert (vgl. S. 29).

- *alius, alia, aliud* ein anderer

  Im Singular *unregelmäßig*:

Tibi soli donum dedi.
Dir allein habe ich ein Geschenk gemacht.

opinio alterius amici
die Meinung eines anderen Freundes

	m.	f.	n.
Nom.	alius	alia	aliud
Gen.	alterius	alterius	alterius
Dat.	alii	alii	alii
Akk.	alium	aliam	aliud
Abl.	alio	alia	alio

3.10 Korrelativa

Einige Adjektive sind von Pronominalstämmen abgeleitet. Sie stehen in einer **Wechselbeziehung** (Korrelation) zu einem ähnlichen Adjektiv.

Quot homines, tot sensus.
Wie viele Menschen (es gibt), so viele Meinungen (findet man).

- *tantus ...*
  quantus
  tanta ...   so groß ... wie
  quanta   (groß);
  tantum ...   so viel ... wie
  quantum   (viel)

Ingenia mea non tanta sunt quanta tua.
Meine Begabungen / Talente sind nicht so groß wie die deinen.

- *talis ... qualis* so (beschaffen)
  tale ... quale ... wie ; ein
                        solcher, wie

Qualis dominus, talis servus.
Wie der Herr, so (ist auch) sein Sklave.

- *tot ... quot*   so viele ... wie
  (indeklinabel)

4 Numeralia

Numeralia sind **Zahlwörter**.
Es gibt vier Arten von Numeralia:

• **Grundzahlen** *(cardinalia)* geben auf die Frage „**Wie viele?**" eine Menge an.	unus, duo, ... *einer, zwei, ...*
• **Ordnungszahlen** *(ordinalia)* bezeichnen auf die Frage „**Der wievielte?**" eine Reihenfolge.	primus, secundus, ... *der erste, der zweite, ...*
• **Einteilungszahlen** *(distributiva)* verwendet man auf die Frage: **Wie viele jeweils?**	v. a. singuli *je einer*
• **Zahladverbien** bezeichnen auf die Frage „**Wie oft? Wie viel mal?**" Häufigkeiten.*	semel, bis, ... *einmal, zweimal, ...*

4.1 Grund- und Ordnungszahlen

	Grundzahlen	Ordnungszahlen
1	unus, -a, -um	primus, -a, -um
2	duo, duae, duo	secundus, -a, -um
3	tres, tria[1]	tertius, -a, -um
4	quattuor	quartus, -a, -um
5	quinque	quintus, -a, -um
6	sex	sextus, -a, -um
7	septem	septimus, -a, -um
8	octo	octavus, -a, -um
9	novem	nonus, -a, -um
10	decem	decimus, -a, -um
11	undecim	undecimus, -a, -um
12	duodecim	duodecimus, -a, -um
13	tredecim	tertius (-a, -um) decimus (-a, -um)

[1] *tres, tria* ist zweiendig, hat also für Maskulinum und Femininum dieselbe Endung *(tres)*.

20	viginti	vicesimus, -a, -um
30	triginta	tricesimus, -a, -um
40	quadraginta	quadragesimus, -a, -um
50	quinquaginta	quinquagesimus, -a, -um
60	sexaginta	sexagesimus, -a, -um
70	septuaginta	septuagesimus, -a, -um
80	octoginta	octogesimus, -a, -um
90	nonaginta	nonagesimus, -a, -um
100	centum	centesimus, -a, -um
200	ducenti, -ae, -a	ducentesimus, -a, -um
300	trecenti, -ae, -a	trecentesimus, -a, -um
1 000	mille	millesimus, -a, -um
2 000	duo milia	bis millesimus, -a, -um

4.1.1 Deklination

- Von den **Grundzahlen** werden nur die ersten drei und die Hunderterzahlen ab 200 dekliniert. *Mille* ist indeklinabel; dekliniert wird ab 2 000 (die Deklination von *milia* folgt der von *tria*)

  cum mille militibus
  mit 1 000 Soldaten

  cum duobus milibus militum
  mit 2 000 Soldaten

- Die **Zehnerzahlen** erkennt man (ab 30) an der Endung *-ginta*, die **Hunderterzahlen** an der Endung *-centi, -ae, -a* oder *-genti, -ae, -a*.

  octoginta
  80

  octingenti
  800

- Die **Ordnungszahlen** werden wie die Adjektive der a-/o-Deklination dekliniert.

  filia secunda
  die zweite Tochter

- *unus, -a, -um; duo, duae, duo* und *tres, tria* werden unregelmäßig dekliniert.

	m.	f.	n.
Nom.	un-us	un-a	un-um
Gen.	un-**ius**	un-**ius**	un-**ius**
Dat.	un-**i**	un-**i**	un-**i**
Akk.	un-um	un-am	un-um
Abl.	un-o	un-a	un-o

	m.	f.	n.	m./f.	n.
Nom.	duo	duae	duo	tres	tria
Gen.	duorum	duarum	duorum	trium	trium
Dat.	duobus	duabus	duobus	tribus	tribus
Akk.	duo (du-os)	duas	duo	tres	tria
Abl.	duobus	duabus	duobus	tribus	tribus

4.1.2 Bildung mehrstelliger Zahlen

Zusammengesetzte mehrstellige Zahlen werden folgendermaßen gebildet:

- Die höchste Zahl geht in der Regel voraus, es folgen nacheinander die nächstkleineren Zahlen.

  quattuor milia trecenti viginti tres
  4 323

  anno p. Chr. n. millesimo nongentesimo octogesimo septimo
  im Jahr 1987 n. Chr.

- Bei Zehnerzahlen kann auch die kleinere Zahl vorausgehen. Die folgende wird mit *et* angeschlossen.

  sex et viginti (= viginti sex)
  26

Besonderheit

- Zahlen, die mit den Einern 8 oder 9 enden, werden meist durch Subtraktion von 1 bzw. 2 (mit *de*) von der nächsten Zehnerzahl gebildet.

  duodeviginti, undeviginti
  18, 19 (zwanzig weniger zwei / eins)

4.2 Einteilungszahlen

Diese Einteilungszahl kommen häufiger vor:

singuli, -ae, -a	je ein, einzeln	Magister discipulos singulos venire iussit. *Der Lehrer ließ die Schüler einzeln kommen.*

4.3 Zahladverbien*

Folgende Zahladverbien kommen häufiger vor:

semel	einmal	
bis	zweimal	Te bis vocavi. *Ich habe dich zweimal gerufen.*
ter	dreimal	
quater	viermal	
quinquie(n)s	fünfmal	
decies	zehnmal	
centies	hundertmal	
milies	tausendmal	

Unflektierte Wortarten

Von unflektierten Wortarten spricht man, wenn ein dazugehöriges Wort
nicht dekliniert oder konjugiert wird.

1 Adverbien

Ein Adverb charakterisiert Handlungen, Sachverhalte oder Zustände,
also in der Regel den Inhalt des Verbs.
Man unterscheidet:
• Adverbien des Ortes
• Adverbien der Zeit
• Adverbien des Grundes
• Adverbien der Art und Weise

1.1 Bildung

Viele Adverbien werden **aus Adjektiven** abgeleitet.			
Adjektive der **a- / o-Deklination**: Wortstock + Endung **-e**	iustus	→	iust-e
	liber	→	liber-e
	pulcher	→	pulchr-e
Adjektive der **3. Deklination**: Wortstock + Endung **-iter**	celer	→	celer-iter
	acris	→	acr-iter
Adjektive der **3. Deklination** mit Wortstock auf **-nt**: Wortstock + Endung **-er**	constans	→	constant-er
	prudens	→	prudent-er

1.2 Steigerung

Die Bildung der Steigerungsformen entspricht derjenigen der Adjektive.			
• **Komparativ:** Wortstock des Adverbs + Endung **-ius**	iuste	→	iust-ius
	pulchre	→	pulchr-ius

- **Superlativ**: Wortstock des Adverbs + Endung *-issime*, *-rime* (bei Wortstock auf *-r*), *-lime* (bei Wortstock auf *-il*).

  iust-e   →   iust-<u>issime</u>
  liber-e   →   liber-<u>rime</u>
  facil-iter →   facil-<u>lime</u>

Besonderheiten

Bei Adjektiven mit unregelmäßiger Steigerung (vgl. 14 f.) sind auch die Steigerungsformen des Adverbs unregelmäßig:

Adjektiv	Adverb	Komparativ	Superlativ
bonus *gut*	bene *gut*	melius *besser*	optime *am besten*
malus *schlecht*	male *schlecht*	peius *schlechter*	pessime *am schlechtesten*
magnus *groß*	magnopere *sehr*	magis *mehr*	maxime *am meisten*
parvus *klein*	paulum *wenig*	minus *weniger*	minime *am wenigsten*
multum / multi *viel / viele*	multum *viel*	plus *mehr*	plurimum *am meisten*

2 Präpositionen

- Eine Präposition ist ein **Verhältniswort**. Sie steht fast immer vor (*prae*) ihrem Bezugswort.

- Präpositionen bestimmen den Kasus ihres Bezugsworts. Sie ziehen den **Akkusativ** oder den **Ablativ** nach sich.

ad porticum
zur Säulenhalle

in porticu
in der Säulenhalle

Ausnahmen sind:

causa (m. Gen.,	um … willen,	liberorum causa
gratia nachgest.)	wegen	*um der Kinder willen*

* Meist machen sie Angaben zu Zeit oder Ort; gelegentlich haben sie übertragene Bedeutung.

2.1 Präpositionen mit Akkusativ

* ***ad***   zu, an, bei, bis

  ad Misemum
  bei Misemum

  ad Rhenum proficisci
  zum Rhein aufbrechen

  (usque) ad decimum annum
  bis zum zehnten Jahr

  ad aliquid pertinere
  sich auf etwas beziehen

* ***adversus*** / ***adversum***   gegenüber, gegen (im freundlichen und feindlichen Sinn)

  adversus curiam
  gegenüber der Kurie

  adversus rem publicam
  gegen den Staat

* ***ante***   vor

  ante moenia
  vor der Stadtmauer

  ante urbem conditam
  vor Gründung der Stadt

* ***apud***   bei (bei Personen)

  apud maiores
  bei den Vorfahren

* ***contra***   gegenüber, gegen (im feindlichen Sinn)

  contra Britanniam
  Britannien gegenüber

  contra rem publicam
  gegen den Staat

* ***erga***   gegenüber, gegen (im freundlichen Sinn)

  pietas erga deos
  Ehrfurcht gegenuber den Göttern

* ***extra***   außerhalb

  extra urbem
  außerhalb der Stadt

● *infra*	unterhalb, unter	infra oppidum *unterhalb der Stadt*
● *inter*	zwischen, inmitten von, während	inter montem et flumen *zwischen Berg und Fluss*
		inter se *untereinander, gegenseitig*
● *intra*	innerhalb, binnen	intra moenia *innerhalb der Mauern*
		intra paucos dies *binnen weniger Tage*
● *iuxta**	(dicht) neben	iuxta templum *neben dem Tempel*
● *ob*	vor, wegen (in Zusammensetzungen: entgegen)	ob oculos versari *vor Augen schweben*
		ob eam rem *deswegen*
● *per*	durch (hindurch)	per provinciam iter facere *durch die Provinz reisen*
		per legatos agere *durch Gesandte verhandeln*
● *post*	hinter, nach, (seit)	post tergum *hinter dem Rücken*
		(post hominum memoriam *seit Menschengedenken*)
● *praeter*	an … vorbei, außer	praeter castra *am Lager vorbei*
		omnes praeter unum *alle außer einem*
● *prope*	nahe bei	prope castra *nahe beim Lager*
● *propter*	wegen	propter te *deinetwegen*
● *secundum**	entlang, gemäß	secundum naturam *gemäß / nach der Natur*

• *supra*	oberhalb, über (auch im Sinn von „mehr")	supra terram *oberhalb / über der Erde*
		supra modum *über das Maß hinaus*
• *trans*	über … hinüber, jenseits	trans fluvium *über den Fluss hinüber, jenseits des Flusses*
• *ultra*	jenseits, über … hinaus	ultra montes *jenseits der Berge*
		ultra vires *über die Kräfte (hinaus)*

2.2 Präpositionen mit Ablativ

• *a / ab*	von, von … her, von … an, seit	ab urbe abesse *von der Stadt entfernt sein*
		ab urbe venire *von der Stadt her kommen*
		a pueritia *von Kindheit an*
		ab urbe condita *seit Gründung der Stadt*
• *coram**	in Gegenwart von	coram principe *in Gegenwart des Herrschers*
• *cum*	(zusammen) mit (meist bei Personen)	cum amicis *mit Freunden*
		magno cum gaudio *mit großer Freude*
• *de*	von … herab, von … weg; über (nicht örtlich)	de muro *von der Mauer herab*
		de vita decedere *aus dem Leben scheiden*
		de pace colloqui *über den Frieden verhandeln*

• *e / ex*	aus, von … aus, seit, aufgrund von	ex urbe egredi	*aus der Stadt weggehen*
		ex eo tempore	*seit dieser Zeit*
		ex senatus consulto	*aufgrund eines Senatsbeschlusses*
• *prae*	vor (örtlich und zur Angabe eines verhindernden Grundes)	prae se ferre	*vor sich hertragen, zeigen*
		prae lacrimis	*vor Tränen*
• *pro*	vor, für, entsprechend	pro oppido collocare	*vor der Stadt aufstellen / postieren*
		pro libertate pugnare	*für die Freiheit kämpfen*
		pro temporibus*	*den Zeitverhältnissen entsprechend*
• *sine*	ohne	sine causa	*ohne Grund, grundlos*

2.3 Präpositionen mit Akkusativ und Ablativ

Manchen Präpositionen folgt der
Akkusativ **oder** der Ablativ:
1. auf die Frage „Wohin?": **Akkusativ**
2. auf die Frage „Wo?": **Ablativ**

• *in*	m. Akk. in, an, auf, gegen, nach (örtlich)	in Italiam contendere	*nach Italien eilen*
	m. Abl. in, an, auf	in citeriore Gallia	*im diesseitigen Gallien*

• *sub*	**m. Akk.** unter (Frage „Wohin?")	sub montem succedere *dicht an den Fuß (unten an) des Berges rücken*
	m. Abl. unter (Frage: „Wo?")	sub terra *unter der Erde*

2.4 Präpositionen als Präfixe bei Verben

Einige Präpositionen können als **Präfixe zu Grundverben** treten und dadurch die Bedeutung des *verbum simplex* (Grundverbs) verändern. Die Bedeutung der Komposita kann bei Kenntnis der Präpositionen meist gut erschlossen werden.

<u>ab</u>ire
<u>weg</u>gehen

<u>ad</u>ire
<u>heran</u>gehen, aufsuchen

<u>ex</u>ire
<u>heraus</u>gehen, (ausrücken)

<u>in</u>ire
<u>hinein</u>gehen, beginnen

<u>praeter</u>ire
<u>vorbei</u>gehen, übergehen

<u>pro</u>dire
(<u>her</u>)<u>vor</u>gehen, auftreten

<u>ob</u>ire
<u>entgegen-</u>, <u>hin</u>gehen, übernehmen

<u>red</u>ire
<u>zurück</u>kehren

<u>sub</u>ire
<u>unter</u>nehmen, auf sich nehmen

<u>trans</u>ire
<u>hinüber</u>gehen, <u>über</u>schreiten

2.5 Steigerungsformen von Präpositionen

Auch zu einigen Präpositionen lassen sich Steigerungsformen bilden.

Präposition	Komparativ	Superlativ
intra	interior, -ioris *der innere*	intimus, -a, -um *der innerste*
supra	superior, -ioris *der höhere*	supremus, -a, -um *der höchste*
pro	prior, -ioris *der vordere, frühere*	primus, -a, -um *der erste*

Verben

Mit den Verben (Tätigkeitswörtern) werden Vorgänge, Zustände, Tätigkeiten und Handlungen beschrieben.

- Das Verb bestimmt den Aufbau eines Satzes wesentlich, da es als **Prädikat** „aussagt", was jeweils geschieht.

  Discipula <u>legit</u>.
  Die Schülerin <u>liest</u>.

- Das Verb braucht oft eine Ergänzung. Hat es ein Akkusativobjekt bei sich, nennt man es **transitiv**.

  Discipula <u>librum</u> emit.
  Die Schülerin kauft <u>ein Buch</u>.

- Die **Beugung** eines Verbs nennt man **Konjugation**, den betreffenden Vorgang **konjugieren**.

  Em<u>o</u>, em<u>is</u>, ...
  Ich kaufe, du kaufst, ...

- **Personalformen** oder **finite Formen** eines Verbs sind durch folgende Angaben bestimmt:

  Legi.
  Ich habe gelesen.

  1. **Person**
  2. **Numerus** (Zahl, d. h. Singular oder Plural)
  3. **Modus** (Wirklichkeitsgrad, d. h. Indikativ oder Konjunktiv)
  4. **Tempus** (Zeit)
  5. **Genus verbi** (d. h. Aktiv oder Passiv)

  1. Person
  Singular

  Indikativ

  Perfekt
  Aktiv

- **Nominalformen** oder **infinite Formen** eines Verbs sind wie Nomina verwendete Formen, die nicht durch Person und Modus bestimmt sind. Dazu zählen:

  1. Der Infinitiv
  2. Das Gerund(ium)
  3. Das Gerundiv(um)
  4. Das Partizip
  5. Das Supin(um)*

  audire
  ad audiendum
  audiendus, -a, -um
  audiens, -ntis
  incredibile auditu

- Den lateinischen Verbformen
  liegen drei „Stämme" zugrunde:

  1. **Präsensstamm**:   mone-
     Präsens, Imperfekt, Futur I,   mone-t, mone-bat, mone-bit,
     PPA   mone-ns (-ntis)

  2. **Perfektstamm**:   monu-
     Perfekt, Plusquamperfekt,   monu-it, monu-erat,
     Futur II   monu-erit

  3. **Partizipstamm** (des Partizips   moni-
     Perfekt Passiv):   moni-tus, moni-ta, moni-tum;
     PPP, PFA   moni-turus, -tura, -turum

- Die lateinischen Verben gruppieren
  sich in fünf Konjugationsklassen:

ā-Konjugation	langvokalische	laudā-re, laud-o, lauda-s
ē-Konjugation	Konjugationen	monē-re, mone-o, mone-s
ī-Konjugation		audī-re, audi-o, audi-s
ĭ-Stämme	kurzvokalische	cap-e-re, capi-o, capi-s
Konsonanten-	Konjugationen	reg-e-re, reg-o, reg-i-s
stämme		

- Um die verschiedenen **Personen**
  zu kennzeichnen, treten an den
  Präsensstamm feste Endungen.

	Aktiv	Passiv
1. Pers. Sg.	-o; -m	-or; -r
2. Pers. Sg.	-s	-ris
3. Pers. Sg.	-t	-tur
1. Pers. Pl.	-mus	-mur
2. Pers. Pl.	-tis	-mini
3. Pers. Pl.	-nt	-ntur

- Der **Indikativ Perfekt des Aktivs**
  hat eigene **Personalendungen**.

1. Pers. Sg.	-i
2. Pers. Sg.	-isti
3. Pers. Sg.	-it
1. Pers. Pl.	-imus
2. Pers. Pl.	-istis
3. Pers. Pl.	-erunt

- Im **Passiv des Perfektstammes**   rectus sum, sim, eram, essem, ero
  werden die Personalformen aus   recti sunt, sint, erant, essent, erunt
  dem **PPP** und den Formen des
  Hilfsverbs *esse* gebildet.

1 Die ā-Konjugation

Präsens Aktiv

Indikativ		Konjunktiv	
laud-o	*ich lobe*	laude-m	*ich soll loben*[1]
lauda-s	*du lobst*	laude-s	*du lobest, sollst loben*[1]
lauda-t	*er, sie, es lobt*	laude-t	*er, sie, es lobe; er, sie, es soll loben*[1]
lauda-mus	*wir loben*	laude-mus	*wir sollen loben, lasst uns loben*[1]
lauda-tis	*ihr lobt*	laude-tis	*ihr sollt loben, ihr lobet*[1]
lauda-nt	*sie loben*	laude-nt	*sie sollen loben*[1]

Imperfekt Aktiv

Indikativ		Konjunktiv	
lauda-**ba**-m	*ich lobte*	lauda-**re**-m	*ich würde loben*
lauda-**ba**-s	*du lobtest*	lauda-**re**-s	*du würdest loben*
lauda-**ba**-t	*er, sie, es lobte*	lauda-**re**-t	*er, sie, es würde loben*
lauda-**ba**-mus	*wir lobten*	lauda-**re**-mus	*wir würden loben*
lauda-**ba**-tis	*ihr lobtet*	lauda-**re**-tis	*ihr würdet loben*
lauda-**ba**-nt	*sie lobten*	lauda-**re**-nt	*sie würden loben*

[1] In älteren Büchern ist der Konjunktiv I im Deutschen oft mit „mögen" übersetzt, also z. B. laudem, *ich möge loben.*

Präsens Passiv

Indikativ		Konjunktiv	
laud-or	*ich werde gelobt*	laud**e**-r	*ich soll gelobt werden*[1]
lauda-ris	*du wirst gelobt*	laud**e**-ris	*du werdest gelobt, sollst gelobt werden*[1]
lauda-tur	*er, sie, es wird gelobt*	laud**e**-tur	*er, sie, es werde gelobt*[1]
lauda-mur	*wir werden gelobt*	laud**e**-mur	*wir sollen gelobt werden*[1]
lauda-mini	*ihr werdet gelobt*	laud**e**-mini	*ihr sollt gelobt werden*[1]
lauda-ntur	*sie werden gelobt*	laud**e**-ntur	*sie sollen gelobt werden*[1]

Imperfekt Passiv

Indikativ		Konjunktiv	
lauda-**ba**-r	*ich wurde gelobt*	lauda-**re**-r	*ich würde gelobt (werden)*
lauda-**ba**-ris	*du wurdest gelobt*	lauda-**re**-ris	*du würdest gelobt (werden)*
lauda-**ba**-tur	*er, sie, es wurde gelobt*	lauda-**re**-tur	*er, sie, es würde gelobt (werden)*
lauda-**ba**-mur	*wir wurden gelobt*	lauda-**re**-mur	*wir würden gelobt (werden)*
lauda-**ba**-mini	*ihr wurdet gelobt*	lauda-**re**-mini	*ihr würdet gelobt (werden)*
lauda-**ba**-ntur	*sie wurden gelobt*	lauda-**re**-ntur	*sie würden gelobt (werden)*

[1] In älteren Büchern ist der Konjunktiv I im Deutschen oft mit „mögen" übersetzt, also z. B. lauder, *ich möge gelobt werden.*

Futur I Aktiv		Futur II Aktiv	
lauda-**b**-o	*ich werde loben*	laudav-**ero**	*ich werde gelobt haben*[1]
lauda-**bi**-s	*du wirst loben*	laudav-**eri**-s	*du wirst gelobt haben*[1]
lauda-**bi**-t	*er, sie, es wird loben*	laudav-**eri**-t	*er, sie, es wird gelobt haben*[1]
lauda-**bi**-mus	*wir werden loben*	laudav-**eri**-mus	*wir werden gelobt haben*[1]
lauda-**bi**-tis	*ihr werdet loben*	laudav-**eri**-tis	*ihr werdet gelobt haben*[1]
lauda-**bu**-nt	*sie werden loben*	laudav-**eri**-nt	*sie werden gelobt haben*[1]

Imperativ I Aktiv		Imperativ II Aktiv	
lauda!	*lobe!*	lauda-to	*du sollst loben*
lauda-te!	*lobt!*	lauda-to	*er, sie, es soll loben*
		lauda-tote	*ihr sollt loben*
		lauda-nto	*sie sollen loben*

Infinitiv Präsens Aktiv		Infinitiv Perfekt Aktiv	
lauda-re	*(zu) loben*	laudav-isse	*gelobt (zu) haben*

Infinitiv Futur Aktiv	
lauda-turum, -am, -um esse	*loben (zu) werden*

Partizip Präsens Aktiv (PPA)	
lauda-ns, -ntis	*lobend; einer, der lobt*

Partizip Futur Aktiv (PFA)	
lauda-turus, -a, -um	*einer, der loben wird / will; der im Begriff ist zu loben*

[1] Die Formen des Futur II werden ins Deutsche eleganter mit Präsens oder Perfekt, auch Futur I übersetzt, z. B. laudavero: *Ich habe gelobt, ich lobe, ich werde loben.*

Futur I Passiv		Futur II Passiv		
lauda-**b**-or	*ich werde gelobt werden*	laudatus, -a, -um	ero	*ich werde gelobt worden sein* [1]
lauda-**be**-ris	*du wirst gelobt werden*		eris	*du wirst gelobt worden sein* [1]
lauda-**bi**-tur	*er, sie, es wird gelobt werden*		erit	*er, sie, es wird gelobt worden sein* [1]
lauda-**bi**-mur	*wir werden gelobt werden*	laudati, -ae, -a	erimus	*wir werden gelobt worden sein* [1]
lauda-**bi**-mini	*ihr werdet gelobt werden*		eritis	*ihr werdet gelobt worden sein* [1]
lauda-**bu**-ntur	*sie werden gelobt werden*		erunt	*sie werden gelobt worden sein* [1]

Infinitiv Präsens Passiv		Infinitiv Perfekt Passiv	
lauda-ri	*gelobt (zu) werden*	lauda-tum, -am, -um esse	*gelobt worden (zu) sein*
Infinitiv Futur Passiv			
lauda-tum iri	*(in Zukunft) gelobt zu werden*		
Gerundiv		**Partizip Perfekt Passiv (PPP)**	
lauda-ndus, -a, -um	*einer, der gelobt werden muss*	lauda-tus, -a, -um	*gelobt; einer, der gelobt worden ist*

[1] Die Formen des Futur II werden ins Deutsche eleganter mit Präsens oder Perfekt, auch Futur I übersetzt, z. B. laudatus ero: *ich bin gelobt worden, ich werde gelobt, ich werde gelobt werden.*

Perfekt Aktiv

Indikativ		Konjunktiv	
laudav-**i**	*ich habe gelobt*	laudav-**eri**-m	*ich soll gelobt haben*[1]
laudav-**isti**	*du hast gelobt*	laudav-**eri**-s	*du habest gelobt, sollst gelobt haben*[1]
laudav-**it**	*er, sie, es hat gelobt*	laudav-**eri**-t	*er, sie, es habe gelobt, soll gelobt haben*[1]
laudav-**imus**	*wir haben gelobt*	laudav-**eri**-mus	*wir sollen gelobt haben*[1]
laudav-**istis**	*ihr habt gelobt*	laudav-**eri**-tis	*ihr habet gelobt, sollt gelobt haben*[1]
laudav-**erunt**	*sie haben gelobt*	laudav-**eri**-nt	*sie sollen gelobt haben*[1]

Plusquamperfekt Aktiv

Indikativ		Konjunktiv	
laudav-**era**-m	*ich hatte gelobt*	laudav-**isse**-m	*ich hätte gelobt*
laudav-**era**-s	*du hattest gelobt*	laudav-**isse**-s	*du hättest gelobt*
laudav-**era**-t	*er, sie, es hatte gelobt*	laudav-**isse**-t	*er, sie, es hätte gelobt*
laudav-**era**-mus	*wir hatten gelobt*	laudav-**isse**-mus	*wir hätten gelobt*
laudav-**era**-tis	*ihr hattet gelobt*	laudav-**isse**-tis	*ihr hättet gelobt*
laudav-**era**-nt	*sie hatten gelobt*	laudav-**isse**-nt	*sie hätten gelobt*

[1] In älteren Büchern ist der Konjunktiv I im Deutschen oft mit „mögen" übersetzt, also z. B. laudaverim, *ich möge gelobt haben.*

Perfekt Passiv

Indikativ			Konjunktiv		
laudatus, -a, -um	sum	*ich bin gelobt worden*	laudatus, -a, -um	sim	*ich sei gelobt worden*
	es	*du bist gelobt worden*		sis	*du seiest gelobt worden*
	est	*er, sie, es ist gelobt worden*		sit	*er, sie, es sei gelobt worden*
laudati, -ae, -a	sumus	*wir sind gelobt worden*	laudati, -ae, -a	simus	*wir seien gelobt worden*
	estis	*ihr seid gelobt worden*		sitis	*ihr seiet gelobt worden*
	sunt	*sie sind gelobt worden*		sint	*sie seien gelobt worden*

Plusquamperfekt Passiv

Indikativ			Konjunktiv		
laudatus, -a, -um	eram	*ich war gelobt worden*	laudatus, -a, -um	essem	*ich wäre gelobt worden*
	eras	*du warst gelobt worden*		esses	*du wärst gelobt worden*
	erat	*er, sie, es war gelobt worden*		esset	*er, sie, es wäre gelobt worden*
laudati, -ae, -a	eramus	*wir waren gelobt worden*	laudati, -ae, -a	essemus	*wir wären gelobt worden*
	eratis	*ihr wart gelobt worden*		essetis	*ihr wärt gelobt worden*
	erant	*sie waren gelobt worden*		essent	*sie wären gelobt worden*

2   Die ē-Konjugation

Präsens Aktiv

Indikativ		Konjunktiv	
mone-o	*ich mahne*	mone-a-m	*ich soll mahnen*[1]
mone-s	*du mahnst*	mone-a-s	*du mahnest, sollst mahnen*[1]
mone-t	*er, sie, es mahnt*	mone-a-t	*er, sie, es mahne, soll mahnen*[1]
mone-mus	*wir mahnen*	mone-a-mus	*wir sollen mahnen*[1]
mone-tis	*ihr mahnt*	mone-a-tis	*ihr sollt mahnen*[1]
mone-nt	*sie mahnen*	mone-a-nt	*sie sollen mahnen*[1]

Imperfekt Aktiv

Indikativ		Konjunktiv	
mone-ba-m	*ich mahnte*	mone-re-m	*ich würde mahnen*
mone-ba-s	*du mahntest*	mone-re-s	*du würdest mahnen*
mone-ba-t	*er, sie, es mahnte*	mone-re-t	*er, sie, es würde mahnen*
mone-ba-mus	*wir mahnten*	mone-re-mus	*wir würden mahnen*
mone-ba-tis	*ihr mahntet*	mone-re-tis	*ihr würdet mahnen*
mone-ba-nt	*sie mahnten*	mone-re-nt	*sie würden mahnen*

[1] In älteren Büchern ist der Konjunktiv I im Deutschen oft mit „mögen" übersetzt, also z. B. moneam, *ich möge mahnen.*

Präsens Passiv

Indikativ		Konjunktiv	
mone-or	*ich werde gemahnt*	mone-**a**-r	*ich soll gemahnt werden*[1]
mone-ris	*du wirst gemahnt*	mone-**a**-ris	*du werdest gemahnt*[1]
mone-tur	*er, sie, es wird gemahnt*	mone-**a**-tur	*er, sie, es werde gemahnt*[1]
mone-mur	*wir werden gemahnt*	mone-**a**-mur	*wir sollen gemahnt werden*[1]
mone-mini	*ihr werdet gemahnt*	mone-**a**-mini	*ihr sollt gemahnt werden*[1]
mone-ntur	*sie werden gemahnt*	mone-**a**-ntur	*sie sollen gemahnt werden*[1]

Imperfekt Passiv

Indikativ		Konjunktiv	
mone-**ba**-r	*ich wurde gemahnt*	mone-**re**-r	*ich würde gemahnt (werden)*
mone-**ba**-ris	*du wurdest gemahnt*	mone-**re**-ris	*du würdest gemahnt (werden)*
mone-**ba**-tur	*er, sie, es wurde gemahnt*	mone-**re**-tur	*er, sie, es würde gemahnt (werden)*
mone-**ba**-mur	*wir wurden gemahnt*	mone-**re**-mur	*wir würden gemahnt (werden)*
mone-**ba**-mini	*ihr wurdet gemahnt*	mone-**re**-mini	*ihr würdet gemahnt (werden)*
mone-**ba**-ntur	*sie wurden gemahnt*	mone-**re**-ntur	*sie würden gemahnt (werden)*

[1] In älteren Büchern ist der Konjunktiv I im Deutschen oft mit „mögen" übersetzt, also z. B. *monear, ich möge gemahnt werden.*

Futur I Aktiv | Futur II Aktiv

Futur I Aktiv		Futur II Aktiv	
mone-**b**-o	*ich werde mahnen*	monu-**ero**	*ich werde gemahnt haben*[1]
mone-**bi**-s	*du wirst mahnen*	monu-**eri**-s	*du wirst gemahnt haben*[1]
mone-**bi**-t	*er, sie, es wird mahnen*	monu-**eri**-t	*er, sie, es wird gemahnt haben*[1]
mone-**bi**-mus	*wir werden mahnen*	monu-**eri**-mus	*wir werden gemahnt haben*[1]
mone-**bi**-tis	*ihr werdet mahnen*	monu-**eri**-tis	*ihr werdet gemahnt haben*[1]
mone-**bu**-nt	*sie werden mahnen*	monu-**eri**-nt	*sie werden gemahnt haben*[1]

Imperativ I Aktiv		Imperativ II Aktiv	
mone!	*mahne!*	mone-to	*du sollst mahnen*
mone-te!	*mahnt!*	mone-to	*er, sie, es soll mahnen*
		mone-tote	*ihr sollt mahnen*
		mone-nto	*sie sollen mahnen*

Infinitiv Präsens Aktiv		Infinitiv Perfekt Aktiv	
mone-re	*(zu) mahnen*	monu-isse	*gemahnt (zu) haben*

Infinitiv Futur Aktiv

moni-turum, -am, -um esse	*mahnen (zu) werden*

Partizip Präsens Aktiv (PPA)

mone-ns, -ntis	*mahnend; einer, der mahnt*

Partizip Futur Aktiv (PFA)

moni-turus, -a, -um	*einer, der mahnen wird / will*

---

[1] Die Formen des Futur II werden ins Deutsche eleganter mit Präsens oder Perfekt, auch Futur I übersetzt, z.B. monuero: *Ich habe gemahnt, ich mahne, ich werde mahnen.*

Futur I Passiv		Futur II Passiv		
mone-**b**-or	*ich werde gemahnt werden*	monitus, -a, -um	ero	*ich werde gemahnt worden sein*[1]
mone-**be**-ris	*du wirst gemahnt werden*		eris	*du wirst gemahnt worden sein*[1]
mone-**bi**-tur	*er, sie, es wird gemahnt werden*		erit	*er, sie, es wird gemahnt worden sein*[1]
mone-**bi**-mur	*wir werden gemahnt werden*	moniti, -ae, -a	erimus	*wir werden gemahnt worden sein*[1]
mone-**bi**-mini	*ihr werdet gemahnt werden*		eritis	*ihr werdet gemahnt worden sein*[1]
mone-**bu**-ntur	*sie werden gemahnt werden*		erunt	*sie werden gemahnt worden sein*[1]

Infinitiv Präsens Passiv		Infinitiv Perfekt Passiv	
mone-ri	*gemahnt (zu) werden*	moni-tum, -am, -um esse	*gemahnt worden (zu) sein*

Infinitiv Futur Passiv	
moni-tum iri	*(in Zukunft) gemahnt zu werden*

Gerundiv		Partizip Perfekt Passiv (PPP)	
moni-e-ndus, -a, -um	*einer, der gemahnt werden muss*	moni-tus, -a, -um	*gemahnt; einer, der gemahnt worden ist*

---

[1] Die Formen des Futur II werden ins Deutsche eleganter mit Präsens oder Perfekt, auch Futur I übersetzt, z. B. monitus ero: *Ich bin gemahnt worden, ich werde gemahnt, ich werde gemahnt werden.*

Perfekt Aktiv

Indikativ		Konjunktiv	
monu-**i**	*ich habe gemahnt*	monu-**eri**-m	*ich soll gemahnt haben*[1]
monu-**isti**	*du hast gemahnt*	monu-**eri**-s	*du habest gemahnt, sollst gemahnt haben*[1]
monu-**it**	*er, sie, es hat gemahnt*	monu-**eri**-t	*er, sie, es habe gemahnt, soll gemahnt haben*[1]
monu-**imus**	*wir haben gemahnt*	monu-**eri**-mus	*wir sollen gemahnt haben*[1]
monu-**istis**	*ihr habt gemahnt*	monu-**eri**-tis	*ihr sollt gemahnt haben*[1]
monu-**erunt**	*sie haben gemahnt*	monu-**eri**-nt	*sie sollen gemahnt haben*[1]

Plusquamperfekt Aktiv

Indikativ		Konjunktiv	
monu-**era**-m	*ich hatte gemahnt*	monu-**isse**-m	*ich hätte gemahnt*
monu-**era**-s	*du hattest gemahnt*	monu-**isse**-s	*du hättest gemahnt*
monu-**era**-t	*er, sie, es hatte gemahnt*	monu-**isse**-t	*er, sie, es hätte gemahnt*
monu-**era**-mus	*wir hatten gemahnt*	monu-**isse**-mus	*wir hätten gemahnt*
monu-**era**-tis	*ihr hattet gemahnt*	monu-**isse**-tis	*ihr hättet gemahnt*
monu-**era**-nt	*sie hatten gemahnt*	monu-**isse**-nt	*sie hätten gemahnt*

[1] In älteren Büchern ist der Konjunktiv I im Deutschen oft mit „mögen" übersetzt, also z. B. monuerim, *ich möge gemahnt haben.*

Perfekt Passiv

Indikativ			Konjunktiv		
monitus, -a, -um	sum	*ich bin gemahnt worden*	monitus, -a, -um	sim	*ich sei gemahnt worden*
	es	*du bist gemahnt worden*		sis	*du seiest gemahnt worden*
	est	*er, sie, es ist gemahnt worden*		sit	*er, sie, es sei gemahnt worden*
moniti, -ae, -a	sumus	*wir sind gemahnt worden*	moniti, -ae, -a	simus	*wir seien gemahnt worden*
	estis	*ihr seid gemahnt worden*		sitis	*ihr seiet gemahnt worden*
	sunt	*sie sind gemahnt worden*		sint	*sie seien gemahnt worden*

Plusquamperfekt Passiv

Indikativ			Konjunktiv		
monitus, -a, -um	eram	*ich war gemahnt worden*	monitus, -a, -um	essem	*ich wäre gemahnt worden*
	eras	*du warst gemahnt worden*		esses	*du wärst gemahnt worden*
	erat	*er, sie, es war gemahnt worden*		esset	*er, sie, es wäre gemahnt worden*
moniti, -ae, -a	eramus	*wir waren gemahnt worden*	moniti, -ae, -a	essemus	*wir wären gemahnt worden*
	eratis	*ihr wart gemahnt worden*		essetis	*ihr wärt gemahnt worden*
	erant	*sie waren gemahnt worden*		essent	*sie wären gemahnt worden*

3 Die Konsonantenstämme der 3. Konjugation

Präsens Aktiv

Indikativ		Konjunktiv	
reg-o	*ich lenke*	reg-a-m	*ich soll lenken*[1]
reg-i-s	*du lenkst*	reg-a-s	*du lenkest, sollst lenken*[1]
reg-i-t	*er, sie, es lenkt*	reg-a-t	*er, sie, es lenke; soll lenken*[1]
reg-i-mus	*wir lenken*	reg-a-mus	*wir sollen lenken*[1]
reg-i-tis	*ihr lenkt*	reg-a-tis	*ihr sollt lenken*[1]
reg-u-nt	*sie lenken*	reg-a-nt	*sie sollen lenken*[1]

Imperfekt Aktiv

Indikativ		Konjunktiv	
reg-e-ba-m	*ich lenkte*	reg-e-re-m	*ich würde lenken*
reg-e-ba-s	*du lenktest*	reg-e-re-s	*du würdest lenken*
reg-e-ba-t	*er, sie, es lenkte*	reg-e-re-t	*er, sie, es würde lenken*
reg-e-ba-mus	*wir lenkten*	reg-e-re-mus	*wir würden lenken*
reg-e-ba-tis	*ihr lenktet*	reg-e-re-tis	*ihr würdet lenken*
reg-e-ba-nt	*sie lenkten*	reg-e-re-nt	*sie würden lenken*

[1] In älteren Büchern ist der Konjunktiv I im Deutschen oft mit „mögen" übersetzt, also z. B. regam, *ich möge lenken.*

Präsens Passiv

Indikativ		Konjunktiv	
reg-or	*ich werde gelenkt*	reg-a-r	*ich soll gelenkt werden*[1]
reg-e-ris	*du wirst gelenkt*	reg-a-ris	*du werdest gelenkt, sollst gelenkt werden*[1]
reg-i-tur	*er, sie, es wird gelenkt*	reg-a-tur	*er, sie, es werde gelenkt; soll gelenkt werden*[1]
reg-i-mur	*wir werden gelenkt*	reg-a-mur	*wir sollen gelenkt werden*[1]
reg-i-mini	*ihr werdet gelenkt*	reg-a-mini	*ihr sollt gelenkt werden*[1]
reg-u-ntur	*sie werden gelenkt*	reg-a-ntur	*sie sollen gelenkt werden*[1]

Imperfekt Passiv

Indikativ		Konjunktiv	
reg-e-ba-r	*ich wurde gelenkt*	reg-e-re-r	*ich würde gelenkt (werden)*
reg-e-ba-ris	*du wurdest gelenkt*	reg-e-re-ris	*du würdest gelenkt (werden)*
reg-e-ba-tur	*er, sie, es wurde gelenkt*	reg-e-re-tur	*er, sie, es würde gelenkt (werden)*
reg-e-ba-mur	*wir wurden gelenkt*	reg-e-re-mur	*wir würden gelenkt (werden)*
reg-e-ba-mini	*ihr wurdet gelenkt*	reg-e-re-mini	*ihr würdet gelenkt (werden)*
reg-e-ba-ntur	*sie wurden gelenkt*	reg-e-re-ntur	*sie würden gelenkt (werden)*

[1] In älteren Büchern ist der Konjunktiv I im Deutschen oft mit „mögen" übersetzt, also z. B. regar, *ich möge gelenkt werden.*

Futur I Aktiv		Futur II Aktiv	
reg-**a**-m	*ich werde lenken*	rex-**ero**	*ich werde gelenkt haben*[1]
reg-**e**-s	*du wirst lenken*	rex-**er**-is	*du wirst gelenkt haben*[1]
reg-**e**-t	*er, sie, es wird lenken*	rex-**er**-it	*er, sie, es wird gelenkt haben*[1]
reg-**e**-mus	*wir werden lenken*	rex-**er**-imus	*wir werden gelenkt haben*[1]
reg-**e**-tis	*ihr werdet lenken*	rex-**er**-itis	*ihr werdet gelenkt haben*[1]
reg-**e**-nt	*sie werden lenken*	rex-**er**-int	*sie werden gelenkt haben*[1]

Imperativ I Aktiv		Imperativ II Aktiv	
reg-e!	*lenke!*	reg-i-to	*du sollst lenken*
reg-i-te!	*lenkt!*	reg-i-to	*er, sie, es soll lenken*
		reg-i-tote	*ihr sollt lenken*
		reg-u-nto	*sie sollen lenken*

Infinitiv Präsens Aktiv		Infinitiv Perfekt Aktiv	
reg-e-re	*(zu) lenken*	rex-isse	*gelenkt (zu) haben*

Infinitiv Futur Aktiv	
rec-turum, -am, -um esse	*lenken (zu) werden*

Partizip Präsens Aktiv (PPA)	
reg-e-ns, -ntis	*lenkend; einer, der lenkt*

Partizip Futur Aktiv (PFA)	
rec-turus, -a, -um	*einer, der lenken wird / will*

[1] Die Formen des Futur II werden ins Deutsche eleganter mit Präsens oder Perfekt, auch Futur I übersetzt, z. B. rexero: *Ich habe gelenkt, ich lenke, ich werde lenken.*

Futur I Passiv		Futur II Passiv		
reg-**a**-r	*ich werde gelenkt werden*	rectus, -a, -um	ero	*ich werde gelenkt worden sein* [1]
reg-**e**-ris	*du wirst gelenkt werden*		eris	*du wirst gelenkt worden sein* [1]
reg-**e**-tur	*er, sie, es wird gelenkt werden*		erit	*er, sie, es wird gelenkt worden sein* [1]
reg-**e**-mur	*wir werden gelenkt werden*	recti, -ae, -a	erimus	*wir werden gelenkt worden sein* [1]
reg-**e**-mini	*ihr werdet gelenkt werden*		eritis	*ihr werdet gelenkt worden sein* [1]
reg-**e**-ntur	*sie werden gelenkt werden*		erunt	*sie werden gelenkt worden sein* [1]

Infinitiv Präsens Passiv		Infinitiv Perfekt Passiv	
reg-i	*gelenkt (zu) werden*	rec-tum, -am, -um esse	*gelenkt worden (zu) sein*

Infinitiv Futur Passiv	
rec-tum iri	*(in Zukunft) gelenkt zu werden*

Gerundiv		Partizip Perfekt Passiv (PPP)	
rege-ndus, -a, -um	*einer, der gelenkt werden muss*	rec-tus, -a, -um	*gelenkt; einer, der gelenkt worden ist*

[1] Die Formen des Futur II werden ins Deutsche eleganter mit Präsens oder Perfekt, auch Futur I übersetzt, z. B. *rectus ero*: *Ich bin gelenkt worden, ich werde gelenkt, ich werde gelenkt werden.*

Perfekt Aktiv

Indikativ		Konjunktiv	
rex-**i**	*ich habe gelenkt*	rex-**eri**-m	*ich soll gelenkt haben*[1]
rex-**isti**	*du hast gelenkt*	rex-**eri**-s	*du habest gelenkt, sollst gelenkt haben*[1]
rex-**it**	*er, sie, es hat gelenkt*	rex-**eri**-t	*er, sie, es habe gelenkt; soll gelenkt haben*[1]
rex-**imus**	*wir haben gelenkt*	rex-**eri**-mus	*wir sollen gelenkt haben*[1]
rex-**istis**	*ihr habt gelenkt*	rex-**eri**-tis	*ihr habet gelenkt, sollt gelenkt haben*[1]
rex-**erunt**	*sie haben gelenkt*	rex-**eri**-nt	*sie sollen gelenkt haben*[1]

Plusquamperfekt Aktiv

Indikativ		Konjunktiv	
rex-**era**-m	*ich hatte gelenkt*	rex-**isse**-m	*ich hätte gelenkt*
rex-**era**-s	*du hattest gelenkt*	rex-**isse**-s	*du hättest gelenkt*
rex-**era**-t	*er, sie, es hatte gelenkt*	rex-**isse**-t	*er, sie, es hätte gelenkt*
rex-**era**-mus	*wir hatten gelenkt*	rex-**isse**-mus	*wir hätten gelenkt*
rex-**era**-tis	*ihr hattet gelenkt*	rex-**isse**-tis	*ihr hättet gelenkt*
rex-**era**-nt	*sie hatten gelenkt*	rex-**isse**-nt	*sie hätten gelenkt*

[1] In älteren Büchern ist der Konjunktiv I im Deutschen oft mit „mögen" übersetzt, also z. B. rexerim, *ich möge gelenkt haben.*

Perfekt Passiv

Indikativ			Konjunktiv		
rectus, -a, -um	sum	*ich bin gelenkt worden*	rectus, -a, -um	sim	*ich sei gelenkt worden*
	es	*du bist gelenkt worden*		sis	*du seiest gelenkt worden*
	est	*er, sie, es ist gelenkt worden*		sit	*er, sie, es sei gelenkt worden*
recti, -ae, -a	sumus	*wir sind gelenkt worden*	recti, -ae, -a	simus	*wir seien gelenkt worden*
	estis	*ihr seid gelenkt worden*		sitis	*ihr seiet gelenkt worden*
	sunt	*sie sind gelenkt worden*		sint	*sie seien gelenkt worden*

Plusquamperfekt Passiv

Indikativ			Konjunktiv		
rectus, -a, -um	eram	*ich war gelenkt worden*	rectus, -a, -um	essem	*ich wäre gelenkt worden*
	eras	*du warst gelenkt worden*		esses	*du wärst gelenkt worden*
	erat	*er, sie, es war gelenkt worden*		esset	*er, sie, es wäre gelenkt worden*
recti, -ae, -a	eramus	*wir waren gelenkt worden*	recti, -ae, -a	essemus	*wir wären gelenkt worden*
	eratis	*ihr wart gelenkt worden*		essetis	*ihr wärt gelenkt worden*
	erant	*sie waren gelenkt worden*		essent	*sie wären gelenkt worden*

4 Die ĭ-Stämme der 3. Konjugation

Präsens Aktiv

Indikativ		Konjunktiv	
capi-o	*ich fasse*	capi-**a**-m	*ich soll fassen*[1]
capi-s	*du fasst*	capi-**a**-s	*du sollst fassen*[1]
capi-t	*er, sie, es fasst*	capi-**a**-t	*er, sie, es fasse; soll fassen*[1]
capi-mus	*wir fassen*	capi-**a**-mus	*wir sollen fassen*[1]
capi-tis	*ihr fasst*	capi-**a**-tis	*ihr fasset, sollt fassen*[1]
capi-**u**-nt	*sie fassen*	capi-**a**-nt	*sie sollen fassen*[1]

Imperfekt Aktiv

Indikativ		Konjunktiv	
capi-**e-ba**-m	*ich fasste*	cape-**re**-m	*ich würde fassen*
capi-**e-ba**-s	*du fasstest*	cape-**re**-s	*du würdest fassen*
capi-**e-ba**-t	*er, sie, es fasste*	cape-**re**-t	*er, sie, es würde fassen*
capi-**e-ba**-mus	*wir fassten*	cape-**re**-mus	*wir würden fassen*
capi-**e-ba**-tis	*ihr fasstet*	cape-**re**-tis	*ihr würdet fassen*
capi-**e-ba**-nt	*sie fassten*	cape-**re**-nt	*sie würden fassen*

[1] In älteren Büchern ist der Konjunktiv I im Deutschen oft mit „mögen" übersetzt, also z. B. capiam, *ich möge fassen.*

Präsens Passiv

Indikativ		Konjunktiv	
capi-or	*ich werde gefasst*	capi-**a**-r	*ich soll gefasst werden*[1]
cap**e**-ris	*du wirst gefasst*	capi-**a**-ris	*du werdest gefasst*[1]
capi-tur	*er, sie, es wird gefasst*	capi-**a**-tur	*er, sie, es werde gefasst*[1]
capi-mur	*wir werden gefasst*	capi-**a**-mur	*wir sollen gefasst werden*[1]
capi-mini	*ihr werdet gefasst*	capi-**a**-mini	*ihr sollt gefasst werden*[1]
capi-**u**-ntur	*sie werden gefasst*	capi-**a**-ntur	*sie sollen gefasst werden*[1]

Imperfekt Passiv

Indikativ		Konjunktiv	
capi-**e-ba**-r	*ich wurde gefasst*	cape-**re**-r	*ich würde gefasst werden*
capi-**e-ba**-ris	*du wurdest gefasst*	cape-**re**-ris	*du würdest gefasst werden*
capi-**e-ba**-tur	*er, sie, es wurde gefasst*	cape-**re**-tur	*er, sie, es würde gefasst werden*
capi-**e-ba**-mur	*wir wurden gefasst*	cape-**re**-mur	*wir würden gefasst werden*
capi-**e-ba**-mini	*ihr wurdet gefasst*	cape-**re**-mini	*ihr würdet gefasst werden*
capi-**e-ba**-ntur	*sie wurden gefasst*	cape-**re**-ntur	*sie würden gefasst werden*

[1] In älteren Büchern ist der Konjunktiv I im Deutschen oft mit „mögen" übersetzt, also z. B. capiar, *ich möge gefasst werden.*

Futur I Aktiv		Futur II Aktiv	
capi-**a**-m	*ich werde fassen*	cep-**er**-o	*ich werde gefasst haben*[1]
capi-**e**-s	*du wirst fassen*	cep-**eri**-s	*du wirst gefasst haben*[1]
capi-**e**-t	*er, sie, es wird fassen*	cep-**eri**-t	*er, sie, es wird gefasst haben*[1]
capi-**e**-mus	*wir werden fassen*	cep-**eri**-mus	*wir werden gefasst haben*[1]
capi-**e**-tis	*ihr werdet fassen*	cep-**eri**-tis	*ihr werdet gefasst haben*[1]
capi-**e**-nt	*sie werden fassen*	cep-**eri**-nt	*sie werden gefasst haben*[1]

Imperativ I Aktiv		Imperativ II Aktiv	
cap-e	*fasse!*	capi-to	*du sollst fassen*
capi-te	*fasst!*	capi-to	*er, sie, es soll fassen*
		capi-tote	*ihr sollt fassen*
		capi-u-nto	*sie sollen fassen*

Infinitiv Präsens Aktiv		Infinitiv Perfekt Aktiv	
cape-re	*(zu) fassen*	cep-isse	*gefasst (zu) haben*

Infinitiv Futur Aktiv	
cap-turum, -am esse	*fassen (zu) werden*

Partizip Präsens Aktiv (PPA)	
capi-e-ns, -ntis	*fassend; einer, der fasst*

Partizip Futur Aktiv (PFA)	
cap-turus, -a, -um	*einer, der fassen wird / will*

[1] Die Formen des Futur II werden ins Deutsche eleganter mit Präsens oder Perfekt, auch Futur I übersetzt, z. B. cepero: *ich habe gefasst, ich fasse, ich werde fassen.*

Futur I Passiv		Futur II Passiv		
capi-**a**-r	*ich werde gefasst werden*	captus, -a, -um	ero	*ich werde gefasst worden sein*[1]
capi-**e**-ris	*du wirst gefasst werden*		eris	*du wirst gefasst worden sein*[1]
capi-**e**-tur	*er, sie, es wird gefasst werden*		erit	*er, sie, es wird gefasst worden sein*[1]
capi-**e**-mur	*wir werden gefasst werden*	capti, -ae, -a	erimus	*wir werden gefasst worden sein*[1]
capi-**e**-mini	*ihr werdet gefasst werden*		eritis	*ihr werdet gefasst worden sein*[1]
capi-**e**-ntur	*sie werden gefasst werden*		erunt	*sie werden gefasst worden sein*[1]

Infinitiv Präsens Passiv		Infinitiv Perfekt Passiv	
cap-i	*gefasst (zu) werden*	cap-tum, -am, -um esse	*gefasst worden (zu) sein*

Infinitiv Futur Passiv	
cap-tum iri	*(in Zukunft) gefasst (zu) werden*

Gerundiv		Partizip Perfekt Passiv (PPP)	
capi-**e**-ndus, -a, -um	*einer, der gefasst werden muss*	cap-tus, -a, -um	*gefasst; einer, der gefasst worden ist*

---

[1] Die Formen des Futur II werden ins Deutsche eleganter mit Präsens oder Perfekt, auch Futur I übersetzt, z. B. captus ero: *ich bin gefasst worden, ich werde gefasst, ich werde gefasst werden.*

Perfekt Aktiv

Indikativ		Konjunktiv	
cep-**i**	*ich habe gefasst*	cep-**eri**-m	*ich soll gefasst haben*[1]
cep-**isti**	*du hast gefasst*	cep-**eri**-s	*du habest gefasst, sollst gefasst haben*[1]
cep-**it**	*er, sie, es hat gefasst*	cep-**eri**-t	*er, sie, es habe gefasst; soll gefasst haben*[1]
cep-**imus**	*wir haben gefasst*	cep-**eri**-mus	*wir sollen gefasst haben*[1]
cep-**istis**	*ihr habt gefasst*	cep-**eri**-tis	*ihr habet gefasst, sollt gefasst haben*[1]
cep-**erunt**	*sie haben gefasst*	cep-**eri**-nt	*sie sollen gefasst haben*[1]

Plusquamperfekt Aktiv

Indikativ		Konjunktiv	
cep-**era**-m	*ich hatte gefasst*	cep-**isse**-m	*ich hätte gefasst*
cep-**era**-s	*du hattest gefasst*	cep-**isse**-s	*du hättest gefasst*
cep-**era**-t	*er, sie, es hatte gefasst*	cep-**isse**-t	*er, sie, es hätte gefasst*
cep-**era**-mus	*wir hatten gefasst*	cep-**isse**-mus	*wir hätten gefasst*
cep-**era**-tis	*ihr hattet gefasst*	cep-**isse**-tis	*ihr hättet gefasst*
cep-**era**-nt	*sie hatten gefasst*	cep-**isse**-nt	*sie hätten gefasst*

[1] In älteren Büchern ist der Konjunktiv I im Deutschen oft mit „mögen" übersetzt, also z. B. ceperim, *ich möge gefasst haben.*

Perfekt Passiv

Indikativ			Konjunktiv		
captus, -a, -um	sum	*ich bin gefasst worden*	captus, -a, -um	sim	*ich sei gefasst worden*
	es	*du bist gefasst worden*		sis	*du seiest gefasst worden*
	est	*er, sie, es ist gefasst worden*		sit	*er, sie, es sei gefasst worden*
capti, -ae, -a	sumus	*wir sind gefasst worden*	capti, -ae, -a	simus	*wir seien gefasst worden*
	estis	*ihr seid gefasst worden*		sitis	*ihr seiet gefasst worden*
	sunt	*sie sind gefasst worden*		sint	*sie seien gefasst worden*

Plusquamperfekt Passiv

Indikativ			Konjunktiv		
captus, -a, -um	eram	*ich war gefasst worden*	captus, -a, -um	essem	*ich wäre gefasst worden*
	eras	*du warst gefasst worden*		esses	*du wärst gefasst worden*
	erat	*er, sie, es war gefasst worden*		esset	*er, sie, es wäre gefasst worden*
capti, -ae, -a	eramus	*wir waren gefasst worden*	capti, -ae, -a	essemus	*wir wären gefasst worden*
	eratis	*ihr wart gefasst worden*		essetis	*ihr wärt gefasst worden*
	erant	*sie waren gefasst worden*		essent	*sie wären gefasst worden*

5   Die ī-Konjugation

Präsens Aktiv

Indikativ		Konjunktiv	
audi-o	*ich höre*	audi-**a**-m	*ich soll hören*[1]
audi-s	*du hörst*	audi-**a**-s	*du hörest, sollst hören*[1]
audi-t	*er, sie, es hört*	audi-**a**-t	*er, sie, es höre; soll hören*[1]
audi-mus	*wir hören*	audi-**a**-mus	*wir sollen hören*[1]
audi-tis	*ihr hört*	audi-**a**-tis	*ihr höret, sollt hören*[1]
audi-**u**-nt	*sie hören*	audi-**a**-nt	*sie sollen hören*[1]

Imperfekt Aktiv

Indikativ		Konjunktiv	
audi-**e-ba**-m	*ich hörte*	audi-**re**-m	*ich würde hören*
audi-**e-ba**-s	*du hörtest*	audi-**re**-s	*du würdest hören*
audi-**e-ba**-t	*er, sie, es hörte*	audi-**re**-t	*er, sie, es würde hören*
audi-**e-ba**-mus	*wir hörten*	audi-**re**-mus	*wir würden hören*
audi-**e-ba**-tis	*ihr hörtet*	audi-**re**-tis	*ihr würdet hören*
audi-**e-ba**-nt	*sie hörten*	audi-**re**-nt	*sie würden hören*

[1] In älteren Büchern ist der Konjunktiv I im Deutschen oft mit „mögen" übersetzt, also z. B. audiam, *ich möge hören*.

Präsens Passiv

Indikativ		Konjunktiv	
audi-or	*ich werde gehört*	audi-**a**-r	*ich soll gehört werden*[1]
audi-ris	*du wirst gehört*	audi-**a**-ris	*du werdest gehört*[1]
audi-tur	*er, sie, es wird gehört*	audi-**a**-tur	*er, sie, es werde gehört*[1]
audi-mur	*wir werden gehört*	audi-**a**-mur	*wir sollen gehört werden*[1]
audi-mini	*ihr werdet gehört*	audi-**a**-mini	*ihr sollt gehört werden*[1]
audi-**u**-ntur	*sie werden gehört*	audi-**a**-ntur	*sie sollen gehört werden*[1]

Imperfekt Passiv

Indikativ		Konjunktiv	
audi-**e-ba**-r	*ich wurde gehört*	audi-**re**-r	*ich würde gehört (werden)*
audi-**e-ba**-ris	*du wurdest gehört*	audi-**re**-ris	*du würdest gehört (werden)*
audi-**e-ba**-tur	*er, sie, es wurde gehört*	audi-**re**-tur	*er, sie, es würde gehört (werden)*
audi-**e-ba**-mur	*wir wurden gehört*	audi-**re**-mur	*wir würden gehört (werden)*
audi-**e-ba**-mini	*ihr wurdet gehört*	audi-**re**-mini	*ihr würdet gehört (werden)*
audi-**e-ba**-ntur	*sie wurden gehört*	audi-**re**-ntur	*sie würden gehört (werden)*

[1] In älteren Büchern ist der Konjunktiv I im Deutschen oft mit „mögen" übersetzt, also z. B. audiar, *ich möge gehört werden.*

Futur I Aktiv		Futur II Aktiv	
audi-**a**-m	*ich werde hören*	audi**v-er-o**	*ich werde gehört haben*[1]
audi-**e**-s	*du wirst hören*	audi**v-eri**-s	*du wirst gehört haben*[1]
audi-**e**-t	*er, sie, es wird hören*	audi**v-eri**-t	*er, sie, es wird gehört haben*[1]
audi-**e**-mus	*wir werden hören*	audi**v-eri**-mus	*wir werden gehört haben*[1]
audi-**e**-tis	*ihr werdet hören*	audi**v-eri**-tis	*ihr werdet gehört haben*[1]
audi-**e**-nt	*sie werden hören*	audi**v-eri**-nt	*sie werden gehört haben*[1]

Imperativ I Aktiv		Imperativ II Aktiv	
audi!	*höre!*	audi-to	*du sollst hören*
audi-te!	*hört!*	audi-to	*er, sie, es soll hören*
		audi-tote	*ihr sollt hören*
		audi-u-nto	*sie sollen hören*

Infinitiv Präsens Aktiv		Infinitiv Perfekt Aktiv	
audi-re	*(zu) hören*	audi-visse	*gehört (zu) haben*

Infinitiv Futur Aktiv	
audi-turum, -am esse	*hören (zu) werden*

Partizip Präsens Aktiv (PPA)	
audi-e-ns, -ntis	*hörend; einer, der hört*

Partizip Futur Aktiv (PFA)	
audi-turus, -a, -um	*einer, der hören will / wird*

[1] Die Formen des Futur II werden ins Deutsche eleganter mit Präsens oder Perfekt, auch Futur I übersetzt, z. B. audivero: *ich habe gehört, ich höre, ich werde hören.*

Futur I Passiv		Futur II Passiv		
audi-a-r	*ich werde gehört werden*		ero	*ich werde gehört worden sein*[1]
audi-e-ris	*du wirst gehört werden*	auditus, -a, -um	eris	*du wirst gehört worden sein*[1]
audi-e-tur	*er, sie, es wird gehört werden*		erit	*er, sie, es wird gehört worden sein*[1]
audi-e-mur	*wir werden gehört werden*		erimus	*wir werden gehört worden sein*[1]
audi-e-mini	*ihr werdet gehört werden*	auditi, -ae, -a	eritis	*ihr werdet gehört worden sein*[1]
audi-e-ntur	*sie werden gehört werden*		erunt	*sie werden gehört worden sein*[1]

Infinitiv Präsens Passiv		Infinitiv Perfekt Passiv	
audi-ri	*gehört (zu) werden*	auditum, -am -um esse	*gehört worden (zu) sein*

Infinitiv Futur Passiv			
audi-tum iri	*(in Zukunft) gehört (zu) werden*		

Gerundiv		Partizip Perfekt Passiv (PPP)	
audi-e-ndus, -a, -um	*einer, der gehört werden muss*	auditus, -a, -um	*gehört; einer, der gehört worden ist*

[1] Die Formen des Futur II werden ins Deutsche eleganter mit Präsens oder Perfekt, auch Futur I übersetzt, z. B. auditus ero: *ich bin gehört worden, ich werde gehört, ich werde gehört werden.*

Perfekt Aktiv

Indikativ		Konjunktiv	
audiv-**i**	*ich habe gehört*	audiv-**eri**-m	*ich soll gehört haben*[1]
audiv-**isti**	*du hast gehört*	audiv-**eri**-s	*du habest gehört, sollst gehört haben*[1]
audiv-**it**	*er, sie, es hat gehört*	audiv-**eri**-t	*er, sie, es habe gehört; soll gehört haben*[1]
audiv-**imus**	*wir haben gehört*	audiv-**eri**-mus	*wir sollen gehört haben*[1]
audiv-**istis**	*ihr habt gehört*	audiv-**eri**-tis	*ihr habet gehört, sollt gehört haben*[1]
audiv-**erunt**	*sie haben gehört*	audiv-**eri**-nt	*sie sollen gehört haben*[1]

Plusquamperfekt Aktiv

Indikativ		Konjunktiv	
audiv-**era**-m	*ich hatte gehört*	audiv-**isse**-m	*ich hätte gehört*
audiv-**era**-s	*du hattest gehört*	audiv-**isse**-s	*du hättest gehört*
audiv-**era**-t	*er, sie, es hatte gehört*	audiv-**isse**-t	*er, sie, es hätte gehört*
audiv-**era**-mus	*wir hatten gehört*	audiv-**isse**-mus	*wir hätten gehört*
audiv-**era**-tis	*ihr hattet gehört*	audiv-**isse**-tis	*ihr hättet gehört*
audiv-**era**-nt	*sie hatten gehört*	audiv-**isse**-nt	*sie hätten gehört*

[1] In älteren Büchern ist der Konjunktiv I im Deutschen oft mit „mögen" übersetzt, also z. B audiverim, *ich möge gehört haben.*

Perfekt Passiv

Indikativ			Konjunktiv		
auditus, -a, -um	sum	ich bin gehört worden	auditus, -a, -um	sim	ich sei gehört worden
	es	du bist gehört worden		sis	du seiest gehört worden
	est	er, sie, es ist gehört worden		sit	er, sie, es sei gehört worden
auditi, -ae, -a	sumus	wir sind gehört worden	auditi, -ae, -a	simus	wir seien gehört worden
	estis	ihr seid gehört worden		sitis	ihr seiet gehört worden
	sunt	sie sind gehört worden		sint	sie seien gehört worden

Plusquamperfekt Passiv

Indikativ			Konjunktiv		
auditus, -a, -um	eram	ich war gehört worden	auditus, -a, -um	essem	ich wäre gehört worden
	eras	du warst gehört worden		esses	du wärst gehört worden
	erat	er, sie, es war gehört worden		esset	er, sie, es wäre gehört worden
auditi, -ae, -a	eramus	wir waren gehört worden	auditi, -ae, -a	essemus	wir wären gehört worden
	eratis	ihr wart gehört worden		essetis	ihr wärt gehört worden
	erant	sie waren gehört worden		essent	sie wären gehört worden

6 Deponentien

• Deponentien haben **passive Formen**, aber **aktive Bedeutung**. Sie haben sozusagen die Bedeutung des Passivs abgelegt (*deponere*).	hortari *ermahnen* vereri *fürchten* largiri *schenken* loqui *sprechen* pati *leiden*
• Oft beinhalten Deponentien eine reflexive Handlung.	misereri *sich erbarmen*

Die Deponentien werden **wie das Passiv der aktiven Verben** konjugiert. Sie bilden jedoch auch alle aktivischen Nominalformen und das Gerundiv.

ā-Konjuga-tion	ē-Konjuga-tion	ī-Konjuga-tion	Konsonan-tenstämme	ĭ-Stämme
Imperativ				
horta-re horta-mini	vere-re vere-mini	largi-re largi-mini	loqu-e-re loqu-i-mini	pate-re pati-mini
Inf. Futur				
horta-turum, -am, -um esse	veri-turum, -am, -um esse	largi-turum, -am, -um esse	locu-turum, -am, -um esse	pass-urum, -am, -um esse
PPA				
hortans, -ntis	verens, -ntis	largiens, -ntis	loquens, -ntis	patiens, -ntis
Gerund				
horta-nd-i	vere-nd-i	largi-e-nd-i	loqu-e-nd-i	pati-e-nd-i
Gerundiv				
horta-nd-us	vere-nd-us	largi-e-nd-us	loqu-e-nd-us	pati-e-nd-us

Die so genannten **Semideponentien** haben in der Regel im Präsensstamm aktive Endungen und nur im Perfekt- stamm passivische.	gaudere, gaudeo, gavisus sum *sich freuen* audere, audeo, ausus sum *wagen*

7 Verba anomala

7.1 *esse* (sein)

• Der Präsensstamm von *esse* lautet *es-* oder *s-*.	sum, es, est *ich bin, du bist, er ist*
• Das *s* wird zwischen zwei Vokalen (im Imperfekt und im Futur I) zu *r*.	eram, ero *ich war, ich werde sein*
• Der Perfektstamm von *esse* lautet *fu-*. Er hat eine regelmäßige Konjugation.	fu-i, fu-eram, fu-isse *ich bin gewesen, ich war gewesen, gewesen (zu) sein*

Indikativ Präsens		Konjunktiv Präsens		Futur I	
s-**u**-m	*ich bin*	s-**i**-m	*ich sei*	er-o	*ich werde sein*
es	*du bist*	s-**i**-s	*du seist*	er-**i**-s	*du wirst sein*
es-t	*er, sie, es ist*	s-**i**-t	*er, sie, es sei*	er-**i**-t	*er, sie, es wird sein*
s-**u**-mus	*wir sind*	s-**i**-mus	*wir seien*	er-**i**-mus	*wir werden sein*
es-tis	*ihr seid*	s-**i**-tis	*ihr seiet*	er-**i**-tis	*ihr werdet sein*
s-**u**-nt	*sie sind*	s-**i**-nt	*sie seien*	er-**u**-nt	*sie werden sein*

Indikativ Imperfekt		Konjunktiv Imperfekt	
er-**a**-m	*ich war*	es-**se**-m	*ich wäre (würde sein)*
er-**a**-s	*du warst*	es-**se**-s	*du wärest*
er-**a**-t	*er, sie, es war*	es-**se**-t	*er, sie, es wäre*
er-**a**-mus	*wir waren*	es-**se**-mus	*wir wären*
er-**a**-tis	*ihr wart*	es-**se**-tis	*ihr wärt*
er-**a**-nt	*sie waren*	es-**se**-nt	*sie wären*
PPA		**PFA**	
(ab-sens, -ntis	*abwesend*)	fu-**turus, -a, -um**	*einer, der sein wird*
(prae-sens, -ntis	*anwesend*)		

Infinitive		Imperative	
es-se	*sein*	es	*sei!*
		es-te	*seid!*
fu-tūrum, -am, -um esse fore	*sein werden (in Zukunft sein)*	es-to	*du sollst sein*
		es-to	*er, sie, es soll sein*
		es-tote	*ihr sollt sein*
fu-is-se	*gewesen zu sein*	s-u-nto	*sie sollen sein*

Indikativ Perfekt		Konjunktiv Perfekt	
fu-**i**	*ich bin gewesen*	fu-eri-**m**	*ich sei gewesen*
fu-**isti**	…	fu-eri-**s**	…
…		…	

Ind. Plusquamperfekt		Konj. Plusquamperfekt		Futur II	
fu-era-**m**	*ich war*	fu-isse-**m**	*ich wäre*	fu-er-**o**	*ich werde*
fu-era-**s**	*gewesen*	fu-isse-**s**	*gewesen*	fu-eri-**s**	*gewesen sein …*
…	…	…	…	…	

Komposita von esse

abesse, absum, afui	*abwesend sein, entfernt sein*
adesse, adsum, affui	*da sein, beistehen, helfen*
deesse, desum, defui	*fehlen, mangeln*
inesse, insum, (infui)	*darin sein*
interesse , intersum, interfui (m. Dat.)	*dabei sein, teilnehmen*
praeesse, praesum, praefui	*vorgesetzt sein, leiten*
prodesse, prosum, profui (pro-d- vor Vokal)	*nützlich sein, nützen*
superesse, supersum, superfui	*übrig sein, überleben*

7.2 *posse* (können)

- Die Formen von ***posse*** (können) sind aus dem Stamm *pote* (mächtig, imstande) und Formen von *esse* entstanden.

  pot-es, pot-eram
  du kannst, ich konnte

- Der Präsensstamm von *posse* lautet ***pot-*** oder ***pos-***. Das **t** des Affixes *pot-* wird zu **s** in der Zusammensetzung mit den mit **s** beginnenden Formen von ***esse***.

  pos-sum, pos-sim
  ich kann, ich könne

- Der Perfektstamm lautet ***potu-***. Die Formen des Perfektstamms werden regelmäßig gebildet.

  potu-i, potu-eram, potu-isse
  ich habe gekonnt, ich hatte gekonnt, gekonnt (zu) haben

Indikativ Präsens		Konjunktiv Präsens	
pos-sum	*ich kann*	**pos**-sim	*ich könne*
pot-es	*du kannst*	**pos**-sis	*du könnest*
pot-est	*er, sie, es kann*	**pos**-sit	*er könne*
pos-sumus	*wir können*	**pos**-simus	*wir können (wohl)*
pot-estis	*ihr könnt*	**pos**-sitis	*ihr könnt (wohl)*
pos-sunt	*sie können*	**pos**-sint	*sie können (wohl)*
Indikativ Imperfekt		**Konjunktiv Imperfekt**	
pot-eram	*ich konnte*	**pos**-sem	*ich könnte*
pot-eras	*du konntest*	**pos**-ses	*du könntest*
…	…	…	…
Futur I		**Infinitive**	
pot-ero	*ich werde können*	pos-se	*(zu) können*
pot-eris	*du wirst können*	potu-isse	*gekonnt (zu) haben*
…	…		

7.3 *fieri* (gemacht werden, geschehen)

- Das Verb *fieri* ersetzt den fehlenden passiven Präsensstamm von *facere*.

- *fieri* hat den **Präsensstamm fi-**.

- Die Formen des **Perfektstammes** werden vom **PPP von facere** gebildet.

factus sum, factus eram
ich bin gemacht worden, ich war gemacht worden / entstanden

fieri, fio, factus sum	(gemacht) werden, entstehen, geschehen	fit *es wird (gemacht), geschieht, entsteht*

Indikativ Präsens		Konjunktiv Präsens	
fi-o	*ich werde (gemacht)*	fi-a-m	*ich soll (gemacht) werden, entstehen*
fi-s	*du wirst (gemacht)*	fi-a-s	...
fi-t	*er, sie es, wird (gemacht)*	fi-a-t	
fi-mus	*wir werden (gemacht)*	fi-a-mus	
fi-tis	*ihr werdet (gemacht)*	fi-a-tis	
fi-u-nt	*sie werden (gemacht)*	fi-a-nt	

Indikativ Imperfekt		Konjunktiv Imperfekt	
fi-e-ba-m	*ich wurde (gemacht), entstand ...*	fi-e-re-m	*ich würde (gemacht), entstünde ...*
fi-e-ba-s		fi-e-re-s	
...		...	

Futur I		Infinitiv Futur	
fi-a-m	*ich werde (gemacht) werden, entstehen*	fore	*in Zukunft (gemacht) werden, entstehen*
fi-e-s	*usw.*		
		PFA	
fi-e-t	...	futurus, -a, -um	*zukünftig*
...			

7.4 *ire* (gehen)

• Der **Präsensstamm** von *ire* lautet *i-*; er wird **vor *a, e, o*** zu *e*.	i-t, e̱-o, e̱-a-mus! *er geht, ich gehe, lasst uns gehen!*
• Der **Perfektstamm** ist ebenfalls *i-*.	ii, i̱sti, iit, iimus, i̱stis, ierunt *ich bin gegangen, du bist gegangen, er ist gegangen …*
• Der Perfektstamm *i* wird mit einem anstoßenden *i* zu einem langen *i* verschmolzen, wenn *s* darauf folgt.	i̱ssem, i̱sses … *ich wäre gegangen, du wärest gegangen …*
ire, eo, ii, gehen ***itum est***	itum est *es wurde gegangen, man ging*

Indikativ Präsens		Konjunktiv Präsens	
e-o	*ich gehe*	e-a-m	*ich soll gehen*
i-s	*du gehst*	e-a-s	*du sollst gehen*
i-t	*er, sie, es geht*	e-a-t	*er, sie, es gehe*
i-mus	*wir gehen*	e-a-mus	*wir sollen gehen*
i-tis	*ihr geht*	e-a-tis	*ihr sollt gehen*
e-u-nt	*sie gehen*	e-a-nt	*sie sollen gehen*
Indikativ Imperfekt		**Konjunktiv Imperfekt**	
i-ba-m	*ich ging*	i-re-m	*ich ginge (würde gehen)*
i-ba-s	*du gingst*	i-re-s	*du gingest (würdest gehen) …*
…	…	…	
Futur I		**PPA**	
i-b-o	*ich werde gehen*	i-ens, e-u-ntis	*gehend, einer, der geht*
i-bi-s	*du wirst gehen*		
…	…	**PFA**	
ibu-nt	*sie werden gehen*	i-turus, -a, -um	*einer, der gehen wird / will*

7.5 *ferre* (tragen, bringen)

- **Präsensstamm** von *ferre* ist **fer-**.
  Das Passiv ist regelmäßig.

  fer-o, fer-s, fer-t, …, fer-u-nt
  fer-or, fer-ris, fer-tur, …, fer-u-ntur

- Der **Perfektstamm** von *ferre* lautet **tul-**. Der **PPP-Stamm** ist **lat-**.

  tul-i, tul-eram
  latus sum, latus eram

ferre, fero,	tragen, bringen
tuli, latum	

Indikativ Präsens		Konjunktiv Präsens		Futur I	
fer-o	*ich trage*	fer-a-m	*ich soll*	fer-a-m	*ich werde*
fer-s	*du trägst*	fer-a-s	*tragen*	fer-e-s	*tragen*
fer-t	*er trägt*	…	…	…	…
fer-i-mus	*wir tragen*	**Indikativ Imperfekt**		**Konjunktiv Imperfekt**	
fer-tis	*ihr tragt*	fer-e-ba-m	*ich trug*	fer-re-m	*ich trüge*
fer-u-nt	*sie tragen*	…		…	

Infinitive Aktiv		Infinitive Passiv	
fer-re	*tragen, bringen*	fer-ri	*getragen werden, eilen, stürzen*
laturum, -am, -um esse	*tragen (zu) werden*	latum iri	*in Zukunft getragen (zu) werden*
tul-isse	*getragen (zu) haben*	latum, -am, -um esse	*getragen worden (zu) sein*

Partizipien			
fer-e-ns, -ntis	*tragend*	latus, -a, -um	*einer, der getragen worden ist*
laturus, -a, -um	*einer, der tragen wird*		

Imperative Aktiv		Gerundiv	
fer! fer-te!	*trage! tragt!*	fer-e-ndus, -a, -um	*einer, der getragen werden muss*
fer-to	*du sollst tragen / er, sie, es soll tragen*		
fer-tote	*ihr sollt tragen*		
fer-u-nto	*sie sollen tragen*		

7.6 *velle, nolle* und *malle* (wollen, nicht wollen, lieber wollen)

velle, nolle und *malle* haben im Präsensstamm häufigen Vokalwechsel:

- *velle*: Präsensstamm *vel-* bzw. *vol-*   vol-u-mus, vel-i-mus

- *nolle*: Präsensstamm *nol-* (teils Umschreibung mit *non velle*)   nol-o, non vis; nol-im, nol-is

- *malle*: Präsensstamm *mal-/mavul-*   mal-o, ma-vis

Der regelmäßige Perfektstamm endet auf *-u: volu-, nolu-, malu-*.   volu-i, volu-eram
ich habe gewollt, ich hatte gewollt

velle, volo, volui	wollen
nolle, nolo, nolui (aus *non velle*)	nicht wollen
malle, malo, malui (aus *magis velle*)	lieber wollen

Indikativ Präsens			Konjunktiv Präsens		
velle	**nolle**	**malle**	**velle**	**nolle**	**malle**
volo	nolo	malo	velim	nolim	malim
vis	non vis	mavis	velis	nolis	malis
vult	non vult	mavult	velit	nolit	malit
volumus	nolumus	malumus	velimus	nolimus	malimus
vultis	non vultis	mavultis	velitis	nolitis	malitis
volunt	nolunt	malunt	velint	nolint	malint
Indikativ Imperfekt			**Konjunktiv Imperfekt**		
volebam	nolebam	malebam	vellem	nollem	mallem
volebas	nolebas	malebas	velles	nolles	malles
…	…	…	…	…	…

Futur I			PPA	Imperativ
volam	nolam	malam	volens, -ntis	noli! nolite!
voles …	noles …	males …		nolito! nolitote!

7.7 Verba defectiva

Einige Verben haben nicht alle Verbalstämme oder Formen.
Man bezeichnet sie deshalb als „verba defectiva" (unvollständige Verben).

- Nur im **Präsensstamm** kommen vor:

aio, ais, ait, aiunt

inquam, inquis, inquit
} ich sag(t)e …

„Quid igitur est?", inquit.
„Was also ist es?", sagt(e) er.

- Nur im **Perfektstamm** kommen vor:

coepisse Perfekt zu incipere	angefangen zu haben	Caesar oppidum expugnare coepit. *Cäsar begann, die Stadt zu erobern.*
odisse	hassen *(präsentische Bedeutung)*	odi, oderam *ich hasse, ich hasste*
meminisse	sich erinnern	

- Einzelformen sind:

quaeso *quaesumus*	(ich) bitte wir bitten	(Ut) venias, quaeso. *Ich bitte dich, dass du kommst.*
Salve! Ave! *Salvete!*	Sei gegrüßt! Seid gegrüßt!	

- Nur wenige Formen bilden die beiden folgenden Verben:

quire	können	queo; quivi
nequire	nicht können	nequit, nequeunt; nequivi

Kasuslehre

Jedes Nomen im Satz steht in einem bestimmten Kasus (Fall). Dadurch werden seine Funktion als Satzglied und seine logische Beziehung zum gesamten Satz festgelegt.

1 Der Akkusativ

Der Akkusativ, ursprünglich der Kasus der Richtungsangabe, bezeichnet:

- eine **Person oder Sache**, auf die eine Tätigkeit gerichtet ist

  Te laudo.
  Ich lobe dich.

- eine räumliche oder zeitliche **Ausdehnung**

  multos annos
  viele Jahre lang

- die **Richtung** bzw. das **Ziel** einer Bewegung

  Romam properat.
  Er eilt nach Rom.

1.1 Der Akkusativ als Objekt

- Manche lateinischen transitiven Verben sind im Deutschen schöner mit dem Dativ zu verbinden:

adiuvare alqm.	jmdm. helfen (jmdn. unterstützen)	<u>Fortes</u> fortuna adiuvat. *Den Tapferen hilft das Glück.*
deficere alqm.	jmdm. fehlen, ausgehen	Vires <u>me</u> defecerunt. *Mir gingen die Kräfte aus.*
(ef)fugere alqd.	einer Sache entkommen (etw. vermeiden)	<u>Mortem</u> effugere non potuerunt. *Sie konnten dem Tod nicht entkommen.*
sequi alqm.	jmdm. folgen (jmdn. verfolgen)	

- Folgende unpersönlichen Ausdrücke haben im Lateinischen ein Akkusativobjekt bei sich:

decet me	es gehört sich für mich	Omnes decet miseros adiuvare. *Es gehört sich für alle, den Armen zu helfen.*
iuvat me	es macht mir Freude, ich freue mich	
fallit me *fugit me* }	es entgeht mir	Me fugit te iam advenisse. *Es entging mir, dass du schon angekommen warst.*

- Intransitive Verben der Bewegung werden durch Zusammensetzung mit einer Präposition oft transitiv.

convenire aliquem
jemanden besuchen

inire proelium
ein Gefecht beginnen

subire labores
Mühen auf sich nehmen

- Folgende Verben sind im Lateinischen transitiv, werden im Deutschen aber mit einem Präpositionalausdruck verbunden:

flere alqd.	über etw. weinen	Troiani fatum urbis flebant. *Die Trojaner weinten über das Schicksal der Stadt.*
queri alqd.	über etw. klagen	
ulcisci alqm.	sich an jmdm. rächen	
ulcisci alqd.	sich für etw. rächen	Iniuriam ulti sunt. *Sie rächten sich für das Unrecht.*
petere magistratum	sich um ein Amt bewerben	

1.2 Der doppelte Objektsakkusativ

- Manche Verben haben zwei Akkusativobjekte bei sich, eines der Person und eines der Sache:

docere alqm. alqd.	jmdn. etw. lehren	Magistri discipulos linguas alienas docent.
petere alqm. alqd.	von jmdm. etw. fordern	*Die Lehrer lehren die Schüler fremde Sprachen.*

- Manche Verben haben einen Akkusativ als Objekt und einen zweiten als Prädikatsnomen bei sich. Im Deutschen wird meist ein „für", „zu" oder „als" eingefügt.

appellare dicere nominare vocare	nennen, als etw. bezeichnen	Aristidem aequales „Iustum" appellabant. *Den Aristides nannten seine Zeitgenossen „den Gerechten".*
ducere existimare putare iudicare	für etw. halten	Te amicum fidum puto. *Ich halte dich für einen treuen Freund.*
habere	als etw. haben	
se praebere se praestare	sich als etw. zeigen, sich als etw. bewähren	Te amicum fidum praebuisti. *Du hast dich als guter Freund gezeigt.*

Im Passiv erscheinen Subjekt und Prädikatsnomen im Nominativ (Ncl, vgl. S. 126 f.).

Aristides ab aequalibus „Iustus" appellabatur. *Aristides wurde von seinen Zeitgenossen „der Gerechte" genannt.*

- Bei Verben des „Hinüberführens" stehen Person und Ortsangabe im Akkusativ.

traicere	übersetzen	Caesar copias flumen traiecit.
traducere	hinüberführen	*Cäsar setzte die Truppen über den Fluss.*

1.3 Der Akkusativ als inneres Objekt

- In manchen Redewendungen wird der Inhalt des Verbs durch das Akkusativobjekt noch einmal aufgenommen („inneres Objekt").

vitam vivere	ein Leben führen
facinus facere	eine Tat vollbringen
pugnam pugnare	einen Kampf liefern

Opto, ut ruri vitam iucundam vivas.
Ich wünsche (dir), dass du auf dem Land ein angenehmes Leben führen kannst.

- Bei einigen Verben wird das innere Objekt durch das Neutrum eines Pronomens gebildet.

hoc orare	darum bitten
id dubitare	daran zweifeln
id studere	danach streben

Hoc te oro, ut mihi ignoscas.
Ich bitte dich darum, dass du mir verzeihst.

1.4 Der adverbiale Akkusativ

- Der adverbiale Akkusativ gibt Häufigkeit/Stärke des Verbinhalts an.

- Er kommt bei einigen Pronomina und Adjektiven im Neutr. Sg. vor:

multum	viel, oft, sehr
plus	mehr
plurimum	am meisten, sehr viel
tantum	so viel, nur
quid?	Wieso? Warum?
nihil	in keiner Weise, durchaus nicht

Quid veniam?
Warum soll ich kommen?

1.5 Der Akkusativ der Ausdehnung

Der Akkusativ der Ausdehnung steht

- bei Maßangaben auf die Frage: **Wie lang/breit/hoch/tief?**

  quinquaginta pedes altus
  fünfzig Fuß hoch

- bei Streckenangaben auf die Frage: **Wie weit?**

  quinque milia passuum abesse
  fünf Meilen entfernt sein

- bei Zeitangaben auf die Frage: **Wie lange?**

  dies noctesque laborare
  Tag und Nacht arbeiten

  Decem annos a patria afuit.
  Er war zehn Jahre fern von der Heimat.

- bei Altersangaben auf die Frage: **Wie alt?**

  viginti annos natus
  zwanzig Jahre alt

1.6 Der Akkusativ der Richtung

- Der Akkusativ der Richtung steht bei Verben der Bewegung auf die Frage: **Wohin?** bei Namen von **Städten, Dörfern** und **kleineren Inseln** und in bestimmten Wendungen.

  Romam profectus est.
  Er ist nach Rom aufgebrochen.

  domum, rus
  nach Hause, aufs Land

- Bei einigen Verben gibt das Lateinische auf die Frage „Wohin?" das Ziel an, das Deutsche fragt dagegen nach dem Ort („Wo?").

  Ad amicos conveniamus!
  Lasst uns bei den Freunden zusammenkommen!

2   Der Dativ

- Der Dativ ist der Kasus der **Zu-wendung** und **Beteiligung**.

- Er bezeichnet:

  1. eine Person bzw. Sache, der eine Handlung gilt

     Tibi gratias ago.
     Ich danke dir.

  2. eine Person bzw. Sache, für die eine Handlung geschieht

     Non scholae, sed vitae discimus.
     Wir lernen nicht für die Schule, sondern fürs Leben.

  3. den Zweck einer Handlung

     Auxilio veniam.
     Ich werde zu Hilfe kommen.

- Er ergänzt somit v. a. Verben aus den Wortfeldern geben, dienen, helfen, nützen, raten, (an)ver-trauen und befehlen.

  Fortunae ne nimis credideris!
  Vertraue dem Glück nicht allzu sehr!

- Oft haben Verben sowohl ein Dativ- wie ein Akkusativobjekt bei sich.

  alicui fidem habere
  jemandem Glauben (Vertrauen) schenken

2.1 Der Dativ als Objekt

- Folgende Verben stehen im Latei-nischen mit Dativ, werden aber mit Akkusativ oder Präpositional-ausdruck übersetzt:

favere alicui	jmdn. begüns-tigen (jmdm. gewogen sein)	Fortuna Romanis favit. *Das Glück begünstigte die Römer.*
parcere alicui	jmdn. schonen	
persuadere alicui	jmdn. überreden, überzeugen	mihi persuasum est *ich bin überzeugt*
invidere alicui	jmdn. beneiden	Vir magni animi nemini invidet. *Ein großherziger Mensch beneidet niemanden.*

nubere alicui	jmdn. heiraten
studere alicui rei	sich um etw. bemühen, etw. studieren

Discipuli linguis alienis studeant!
Die Schüler sollen sich um die Fremdsprachen bemühen!

- Manche Verben (besonders *esse*) können nach der Zusammensetzung mit einer Präposition ein Dativobjekt bei sich haben, v. a.:

praeesse alicui rei	etw. leiten
interesse alicui rei	an etw. teilnehmen
excellere alicui	jmdn. übertreffen
succedere alicui	jmdm. nachfolgen

Haec domus ornamentis ceteris excellit.
Dieses Haus übertrifft durch seinen Schmuck alle übrigen.

- Folgende unpersönliche Verben stehen mit Dativ:

accidit alicui	es stößt jmdm. zu
licet alicui	es ist jmdm. erlaubt, jmd. darf
placet alicui	es gefällt jmdm., jmd. beschließt

Quid tibi accidit?
Was ist dir zugestoßen?

Senatui placuit …
Der Senat beschloss …

- Der Dativ kann auch zu einigen Adjektiven treten:

communis	gemeinsam
utilis	nützlich
invisus	verhasst
par / aequus	gleich

Scientia linguarum alienarum omnibus utilis est.
Die Kenntnis fremder Sprachen ist allen nützlich.

2.2 Der Dativus commodi

- Der Dativus commodi ist der **Dativ des Vorteils**. Er bezeichnet auf die Frage: **Für wen? Wofür?** eine Person oder Sache, zu deren **Nutzen / Schaden** etwas geschieht.

- Im Deutschen bietet sich oft die Einfügung „für" an.

  Hoc non <u>mihi</u> poposci.
  Das habe ich nicht <u>für mich</u> gefordert.

- Verben in der Bedeutung „sorgen für" o. Ä. haben den Dativ bei sich, mit Akkusativ haben sie eine andere Bedeutung.

consulere alicui	für jmdn. sorgen	Magistratuum est civibus consulere. *Es ist Aufgabe der Beamten, für die Bürger zu sorgen.*
consulere aliquem	jmdn. befragen, um Rat fragen	Cives magistratus consuluerunt. *Die Bürger fragten die Beamten um Rat.*
providere alicui	für jmdn. sorgen	
providere aliquid	etw. vorhersehen	
timere alicui (rei)	sich um jmdn. (etw.) sorgen, ängstigen	Timeo saluti avi. *Ich sorge mich um die Gesundheit des Großvaters.*
timere aliquem	jmdn. fürchten	
temperare alicui (rei)	jmdn. schonen, etw. mäßigen	irae temperare *den Zorn mäßigen*
temperare aliquid	etw. leiten, ordnen	

2.3 Der Dativus possessivus und Dativus auctoris

- Der Dativus possessivus ist der Dativ der **Zugehörigkeit**. Er bezeichnet – verbunden mit *esse* – den **Besitzer** einer Sache.

Amicis nostris magna praedia sunt.
Unseren Freunden gehören große Landgüter. (Unsere Freunde besitzen große Landgüter.)

- Ähnlich wird der **Dativus auctoris** (Dativ des Urhebers/Täters) beim **Gerundiv** gebraucht (vgl. S. 117)

Tibi multi labores subeundi sunt.
(Von dir müssen viele Mühen auf sich genommen werden.)
Du musst viele Mühen auf dich nehmen.

- Gelegentlich steht der Dativus auctoris auch statt des Ablativs beim regulären Passiv.

Tibi consilium captum est.
Du hast deinen Entschluss gefasst.

2.4 Der Dativus finalis

- Der Dativus finalis ist der Dativ des **Zwecks**. Er gibt auf die Frage **Wozu?** Zweck oder Wirkung einer Handlung an.

auxilio venire
zu Hilfe kommen

- Oft ist er mit *esse* verbunden. Häufig haben solche Redewendungen ein weiteres Dativobjekt der Person bei sich.
Als Hilfsübersetzung vor der freien Übersetzung bietet sich die Wendung „gereichen zu etw." an.

usui esse	Nutzen bringen, nützlich sein	Scientia linguarum alienarum omnibus usui est. *Die Kenntnis von Fremdsprachen ist für alle nützlich (Hilfsübersetzung: gereicht allen zum Nutzen).*
honori esse	Ehre (ein)bringen	Haec voluntas tibi magno honori est. *Diese Absicht bringt dir große Ehre ein (ehrt dich sehr).*

cordi esse	am Herzen liegen	Mihi salus meorum valde cordi est. *Das Wohlergehen der Meinen liegt mir sehr am Herzen.*
curae esse	Sorgen machen, Sorgen bereiten	
odio esse	Hass einbringen, verhasst sein, (oft Ersatz für das fehlende Passiv von *odisse:*) gehasst werden	Romani Hannibali maximo odio erant. *Dem Hannibal waren die Römer überaus verhasst. (Hannibal hasste die Römer erbittert.)*

- Der Dativus finalis steht auch in folgenden Wendungen:

alicui aliquid crimini dare	jmdm. etw. zum Vorwurf machen, vorwerfen	Tibi ignaviam crimini do. *Ich mache dir deine Untätigkeit zum Vorwurf.*
alicui aliquid vitio dare	jmdm. etw. als Fehler anrechnen	
auxilio venire	zu Hilfe kommen	
auxilio mittere	zu Hilfe schicken	
praesidio relinquere	zum Schutz zurücklassen	Copiae castris praesidio relictae sunt. *Zum Schutz des Lagers wurden Truppen zurückgelassen.*

3 Der Genitiv

- Der Genitiv bezeichnet eine **Zugehörigkeit** oder einen **Bereich**, in den eine Verbalhandlung fällt.

domus parentum
das Haus meiner Eltern

- Er hängt in der Regel (als Attribut) von einem Nomen ab, kann aber auch mit einem Verb oder einem Adverb verbunden sein.

Haec domus parentum est.
Dies ist das Haus meiner Eltern.
Dieses Haus gehört meinen Eltern.

3.1 Der Genitiv als Attribut

- Der Genitiv wird meistens wie im Deutschen als Attribut auf die Frage „**Wessen?**" gebraucht.

- Meist kann man ihn wörtlich übersetzen; manchmal ist die Umwandlung in ein Adjektiv eleganter.

magnitudo animi
die Größe des Geistes;
geistige Größe

3.2 Der Genitivus possessivus

- Der Genitivus possessivus (Genitiv der Zugehörigkeit) gibt (im weitesten Sinn) den **Besitzer / Eigentümer** einer Sache an.

templum Iovis
der Tempel des Jupiter

- Meist hat der Genitivus possessivus die Funktion eines **Attributes**.

mores maiorum
die Sitten der Vorfahren

- In Verbindung mit *esse* (u. ä. Verben) tritt der Genitivus possessivus auch als **Prädikatsnomen** auf:

esse alicuius   jmdm. gehören

Haec villa patris est.
Diese Villa gehört dem Vater.

- Der Genitivus possessivus kann als **Prädikatsnomen bei *esse*** auch den **Tätigkeitsbereich** oder das **Wesen** einer Person oder Sache kennzeichnen.

esse alicuius	es ist Pflicht / Aufgabe / Gewohnheit von jmdm.	iudicum est *es ist Aufgabe der Richter*
esse alicuius rei	es ist ein Zeichen von etw.; es beweist, verrät, zeugt von etw.	sapientiae est *es ist ein Zeichen von Klugheit; es zeugt von Klugheit*

3.3 Der Genitivus explicativus

- Der Genitivus explicativus ist der Genitiv der **Begriffsbestimmung**. Er erklärt einen Begriff oder grenzt ihn näher ein.

  virtus iustitiae
  die Tugend (der) Gerechtigkeit

- Ins Deutsche lässt er sich wörtlich übersetzen; gelegentlich ist er freier mit dem Nominativ wiederzugeben.

  nomen dictatoris
  der Titel „Diktator"

3.4 Der Genitivus subiectivus und Genitivus obiectivus

- Der **Genitivus subiectivus** bezeichnet das **Subjekt**, das eine Empfindung hat oder eine Handlung vollzieht.

  metus liberorum
  die Furcht <u>der</u> Kinder

- Der **Genitivus obiectivus** bezeichnet das **Objekt**, auf das sich die Empfindung bzw. Handlung richtet.

  Der Genitivus obiectivus wird im Deutschen oft mit einem **Präpositionalausdruck** wiedergegeben.

  metus periculi
  die Furcht <u>vor</u> der Gefahr

- Gelegentlich können Wendungen je nach Sinn mit Genitivus subiectivus oder Genitivus obiectivus übersetzt werden.

metus hominum
die Furcht der Menschen /
die Furcht vor den Menschen

- Bei Possessivpronomina ist die Übersetzung eindeutig, da es bei ihnen nur den Genitivus obiectivus gibt.

(amor suus
seine / ihre Liebe)

amor sui
die Liebe zu sich selbst,
Selbstliebe

3.5 Der Genitivus partitivus

Der Genitivus partitivus ist der
Genitiv des geteilten Ganzen.
Er bezeichnet eine Menge bzw. ein
Ganzes. Er steht:

- bei substantivischen (oder substantivierten) Mengen- und Maßangaben

magna copia frumenti
eine große Menge Getreide

multum, plus, plurimum operae
viel, mehr, sehr viel Mühe

nihil praesidii
kein Schutz

- bei einigen Pronomina

quis nostrum?
wer von uns?

nemo vestrum
niemand von euch

- bei (substantivisch gebrauchten) Komparativen und Superlativen

maior fratrum
der ältere (größere) Bruder

fortissimi omnium Gallorum
die tapfersten von allen Galliern

- in einigen festen Wendungen

ubi terrarum?
wo auf der Welt?

3.6 Der Genitivus qualitatis

- Der Genitivus qualitatis bezeichnet eine **Eigenschaft** oder **Beschaffenheit** des übergeordneten Substantivs. Er ist meist mit einem Attribut (Adjektiv, Pronomen oder Zahlwort) verbunden.

puer decem annorum
ein Junge von zehn Jahren,
ein zehnjähriger Junge

eius modi res
derartige Dinge

- Der Genitivus qualitatis kann auch **prädikativ** gebraucht werden.

Haec res magni momenti est.
Diese Sache ist von großer Bedeutung.

3.7 Der Genitivus pretii

- Der Genitivus pretii, der **Genitiv des Wertes**, bezeichnet den Wert einer Person bzw. Sache.

- Der Genitivus pretii kann als Prädikatsnomen mit *esse* oder mit **Verben des Einschätzens** verbunden sein:

magni	viel		
pluris esse	mehr	wert	
plurimi	am	sein	
	meisten		

Haec res magni est.
Diese Sache ist viel wert.

parvi	gering		
minoris putare	geringer	achten	
minimi u. Ä.	am ge-		
	ringsten		

Sapiens divitias parvi ducit.
Ein Weiser achtet Reichtum gering.

- Der Genitiv des Wertes steht auch nach **Verben der Kaufhandlung** bei **vergleichenden** und fragenden Angaben:

quanti	wie viel
tanti	so viel
pluris	mehr
minoris	weniger

Quanti hunc anulum emisti?
Für wie viel hast du diesen Ring gekauft?

3.8 Der Genitiv bei Adjektiven und Partizipien

- Der Genitiv steht bei den Adjektiven:*

sacer	heilig, geweiht	Hoc nemus Apollinis sacer est. *Dieser Hain ist dem Apollo heilig.*
proprius	eigentümlich, wesenhaft	

- Der Genitiv steht auch bei den Adjektiven der Bedeutungsfelder **„begierig, kundig, eingedenk, teilhaftig, mächtig, voll"** bzw. deren Gegenteil.

Ne nimis gloriae cupidi sitis!
Seid nicht allzu begierig nach Ruhm!

peritus iuris, memor iustitiae
rechtskundig, der Gerechtigkeit eingedenk

particeps rationis
vernunftbegabt

potens sui
seiner selbst mächtig

plenus periculorum
voll von Gefahren

- Der Genitiv folgt den Partizipien einiger transitiver Verben bei Angabe einer dauernden Eigenschaft.

patiens *alicuius rei*	ausdauernd bei etwas	patiens laborum *ausdauernd bei Mühen*

selten:

amans *alicuius rei*	etwas liebend	amans patriae *vaterlandsliebend*

- Genitiv <u>oder</u> Dativ stehen bei den Adjektiven:

communis	gemeinsam	Amicorum multa communia sunto.
similis	ähnlich	*Unter Freunden sollte vieles gemeinsam sein.*
par	gleich, gewachsen	

3.9 Der Genitiv als Objekt bei bestimmten Verben

- Der Genitiv steht als Objekt bei **Verben des Sich-Erinnerns**

meminisse alicuius rei	sich an etw. erinnern	
oblivisci alicuius rei	etw. vergessen	Patriae tuae numquam obliviscaris! *Du sollst deine Heimat nie vergessen!*

- Der Genitiv steht als Objekt bei **unpersönlichen Verben** wie

me paenitet alicuius rei*	etw. reut mich	Huius facti te numquam paeniteat! *Diese Tat soll dich niemals reuen!*
me pudet alicuius rei	etw. beschämt mich	Huius iniuriae te semper pudeat! *Dieses Unrechts (für dieses Unrecht) solltest du dich immer schämen!*

- Der Genitiv steht als Objekt bei:

interest alicuius	es ist jmdm. wichtig, es liegt jmdm. daran	Magistrorum interest nos officiorum semper memores esse. *Unseren Lehrern liegt daran, dass wir immer an unsere Pflichten denken.*
refert alicuius*	es ist jmdm. wichtig, es liegt jmdm. daran	

3.10 Der Genitivus criminis

- Der Genitivus criminis steht bei **Verben des Gerichtsverfahrens**, wobei hier die **Straftat** bzw. **Schuld** im Genitiv steht.

  caedis convincere
  des Mordes überführen

  sceleris accusare
  eines Verbrechens anklagen

  capitis absolvere
  von der Todesstrafe freisprechen

  Die **verhängte Strafe** steht dabei im **Ablativ**.

  capite (*auch:* capitis) damnare
  zum Tode verurteilen

4   Der Ablativ

Im Ablativ sind die Funktionen von drei ursprünglich verschiedenen Kasus zusammengeflossen:
Die Angabe von

- Ausgangspunkt, Herkunft oder Trennung (Separativus): **Woher? Von wo (aus)?**

  Athenis proficisci
  von Athen abreisen

- Werkzeug bzw. Mittel (Instrumentalis): **Womit? Wodurch?**

  gladio pugnare
  mit dem Schwert kämpfen

- Ort bzw. Zeit (Lokativ): **Wann? Wo?**

  Athenis versari
  sich in Athen aufhalten, in Athen sein

Aus allen dreien haben sich weitere Bedeutungen entwickelt.

4.1 Der Ablativus separativus

- Der Ablativ des (örtlichen) Ausgangspunktes steht als bloßer Ablativ auf die Frage „Woher?"

  1. bei Eigennamen von Städten und kleineren Inseln,

     Roma proficisci
     von Rom abreisen

  2. bei einzelnen Wendungen.

     domo – rure
     von zuhause – vom Land

  Bei größeren Inseln und Ländernamen und bei Hinzutreten eines Attributes zu einer Ortsangabe steht in der Regel der Ablativ mit Präposition (*a/ab* oder *e/ex*).

  ex urbe Roma proficisci
  aus der Stadt Rom abreisen

- Der Ablativus originis (Ablativ der Herkunft) gibt mit *natus* oder *ortus* meist ohne Präposition die Abstammung bzw. Herkunft an: **woher/von wem stammend?***

  nobili genere ortus;
  aus vornehmer Familie (stammend)
  Iove natus
  von Jupiter abstammend, ein Sohn des Jupiter

- Der (eigentliche) **Ablativus separativus** steht:

  1. bei Verben der Bedeutungsfelder **berauben, entbehren**

     spe carere
     ohne jede Hoffnung sein

  2. bei Verben der Bedeutungsfelder **befreien / fernhalten / frei sein** (gelegentlich auch bei Adjektiven dieser Wortfamilien), häufig mit Präposition

     Abstineatis (ab) iniuria!
     Haltet euch von Unrecht fern!

     liber (a) curis esse
     frei von Sorgen sein

  3. bei **Verben mit Präfix *di(s)*-oder *se*-** mit der Präposition *a / ab*

     Homines a bestiis ratione differunt.
     Die Menschen unterscheiden sich von den Tieren durch die Vernunft.

  4. bei einigen feststehenden Redewendungen

     Nostri ab (ex) omnibus partibus oppugnabantur.
     Die Unsrigen wurden von allen Seiten bestürmt.

4.2 Der Ablativus comparationis

- Der Ablativus comparationis[1] (Ablativ des **Vergleichs**) bezeichnet bei einem Komparativ die **Person oder Sache, mit der etwas verglichen wird.**

  1. Der Ablativus comparationis **ersetzt *quam*** mit einem Nominativ oder Akkusativ.

     Nihil est celerius fama.
     Nichts ist schneller als ein Gerücht.
     (= Nihil celerius est quam fama.)

  2. Er findet sich bei manchen **Zahlen- und Maßangaben.**

     plus centum sestertiis
     mehr als hundert Sesterzen

  3. Er steht in festen Wendungen.

     sole clarius
     sonnenklar (klarer als die Sonne)

     opinione / spe celerius
     schneller als erwartet

[1] Der Ablativus comparationis hat sich aus dem Separativ entwickelt. Er gibt den Ausgangspunkt eines Vergleichs an.

4.3 Der Ablativus instrumentalis

- Der Ablativus instrumentalis (Ablativ des **Mittels**) gibt auf die Frage „Womit?" bzw. „Wodurch?" an, durch welches Werkzeug bzw. Mittel etwas geschieht.

Paulus apostolus gladio occisus est.
Der Apostel Paulus wurde mit dem Schwert getötet.

Eine Reihe von lateinischen Redewendungen mit Ablativus instrumentalis übersetzt man im Deutschen freier.

memoria tenere
im Gedächtnis behalten

proelio lacessere
zum Kampf herausfordern

pugna vincere
im Kampf gewinnen

Der Ablativus instrumentalis steht speziell bei **Verben und Adjektiven des Ausstattens** und bei der Wendung:

ornare, complere, implere aliqua re
mit etwas ausstatten, an-/erfüllen

alicui opus est aliqua re	jmd. braucht etw., benötigt etw.

aliquem afficere aliqua re
jmdm. etwas zufügen (wörtl.: jmdn. mit etw. versehen)

Hoc libro mihi opus est.
Ich benötige (brauche) dieses Buch.

4.4 Der Ablativ als Objekt

- Der Ablativ als Objekt[1] steht bei folgenden Deponentien und ihren Komposita:

uti	Gebrauch machen von	Libertate recte utimini! *Gebraucht eure Freiheit in rechter Weise!*
fungi	sich beschäftigen mit, verwalten	
frui	genießen	Vita fruaris! *Mögest du dein Leben genießen!*
potiri	sich bemächtigen, Herr werden über	

[1] Der Ablativ als Objekt hat sich aus dem Instrumentalis entwickelt.

4.5 Der Ablativus pretii

- Der Ablativus pretii[1], der Ablativ
der **Preisangabe**, steht auf die
Frage **„Für wieviel?"** bei Verben,
die mit Geldverkehr zu tun haben.

parvo emere
billig kaufen

magno vendere
teuer verkaufen

[1] Der Ablativus pretii hat sich aus dem Instrumentalis entwickelt.

4.6 Der Ablativus causae

- Der Ablativus causae (Ablativ des
Grundes) gibt auf die Frage
„Weshalb?", „Weswegen?" die
Ursache eines Geschehens an
und steht besonders:

Rustici labore duro fessi sunt.
*Die Bauern sind aufgrund (wegen)
der harten Arbeit erschöpft.*

  1. bei Verben und Adjektiven der
  Freude und Trauer

gaudere, laetari aliqua re
sich freuen über etw.

laetus – tristis aliqua re
froh – traurig über etw.

  2. beim PPP bestimmter Verben
  (das PPP bleibt im Deutschen
  am besten unübersetzt)

adductus, permotus, impulsus
aliqua re
aus ... (veranlasst von etw.), z. B. ira
permotus – *aus Zorn*

coactus aliqua re
aus ... (gezwungen von etw.)

  3. in formelhaften Wendungen

iussu
auf Befehl

mea sponte
freiwillig, von mir aus

meo iudicio
meiner Meinung nach

qua re, quare
weshalb, (im rel. Satzanschluss) deswegen

4.7 Der Ablativus limitationis

- Der Ablativus limitationis[1]
  (Ablativ der Beziehung) dient zur
  Eingrenzung eines Begriffes, für
  den eine bestimmte Handlung
  oder ein Zustand Geltung hat.
  Er steht auf die Frage „In welcher
  Beziehung? Worin?"

  1. Der Ablativus limitationis steht
     besonders bei Verben des
     Beurteilens, Vergleichens und
     Übertreffens.

     vincere, superare aliqua re
     übertreffen (in etw.)

     praestare alicui aliqua re
     jmdn. übertreffen (in etw.)

  2. Der Ablativus limitationis steht
     bei feststehenden nominalen
     Wendungen.

     maior natu – minor natu
     älter – jünger

     numero quindecim*
     fünfzehn an der Zahl

[1] Der Ablativus limitationis hat sich aus dem Instrumentalis entwickelt.

4.8 Der Ablativus mensurae / discriminis

- Der Ablativus mensurae / discrimi-
  nis[2] (Ablativ des Maßes / Unter-
  schiedes) gibt auf die Frage „Um
  wie viel?" besonders bei Kompa-
  rativen das Maß an, durch das sich
  zwei verglichene Größen unter-
  scheiden.

  dimidio minor
  um die Hälfte kleiner

  multo facilius
  viel leichter

  paulo ante – paulo post
  ein wenig früher – ein wenig später

  quo longius … eo melius
  (= quanto longius … tanto melius)
  je länger … desto besser

[2] Der Ablativus mensurae / discriminis hat sich aus dem Instrumentalis entwickelt.

4.9 Der Ablativus sociativus und der Ablativus modi

- Der Ablativus sociativus (Ablativ der Begleitung) gibt die Begleiterscheinungen einer Handlung an. Gewöhnlich steht er mit der Präposition *cum*.

Cum cura diligentiaque laboravisti.
Du hast sehr genau (wörtl. mit Sorgfalt und Genauigkeit) gearbeitet.

Summo (cum) studio didicistis.
Ihr habt mit höchstem Eifer gelernt.

- Der Ablativus modi (der Ablativ der Art und Weise) gibt eine Verfahrensweise oder einen (körperlichen oder seelischen) Zustand an.
Zudem tritt er in festen Wendungen auf.

eodem modo
auf die gleiche Weise

more maiorum
nach Art der Vorfahren

magna voce
mit lauter Stimme.

aequo animo
mit Gleichmut / Gelassenheit.

merito
verdientermaßen

iure – iniuria
zu Recht – zu Unrecht

specie – re
scheinbar – tatsächlich

4.10 Der Ablativus qualitatis

- Der Ablativus qualitatis (Ablativ der Beschaffenheit) bezeichnet eine Eigenschaft, die durch ein Substantiv, meist mit einem Adjektiv oder Pronomen verbunden, zum Ausdruck gebracht wird. Er kann Prädikatsnomen oder Attribut sein.

bono animo esse
guten Mutes sein

bona valetudine esse
bei guter Gesundheit sein

miles excellenti virtute
ein Soldat von hervorragender Tüchtigkeit

4.11 Der Lokativ und der Ablativus loci

- Der Lokativ war ein eigener Kasus mit der Endung **-i** im Singular. Er gab auf die Frage „Wo?" den Ort an. Im Lateinischen ist er in bestimmten Begriffen noch erhalten.

  domi – ruri
  zuhause – auf dem Land

  humi
  auf dem Boden

  Bei Eigennamen von Städten und kleineren Inseln, die Singularwörter der a-/o-Deklination sind, fiel er mit dem Genitiv zusammen.

  Romae – Deli
  in Rom – auf Delos

- In allen anderen Fällen hat der Ablativus loci (des Ortes) die Funktion des Lokativ übernommen. Er steht **ohne Präposition**:

  1. bei Eigennamen von Städten und kleineren Inseln der a-/o-Deklination im Plural und aus allen anderen Deklinationen

     Athenis – Salamine
     in Athen – auf Salamis

  2. bei *locus*, wenn es mit einem Attribut verbunden ist

     eo loco – suo loco
     an diesem Ort – am rechten Ort

  3. bei Ortsangaben mit *totus* bzw. *omnis*

     toto orbe terrarum
     auf der ganzen Welt

  4. in einigen festen Wendungen

     terra marique
     zu Wasser und zu Land

     dextra/sinistra
     zur Rechten/Linken

  Ansonsten steht, besonders bei Ländernamen und größeren Inseln, der Ablativ mit *in*.

  in Graecia – in Sicilia
  in Griechenland – auf Sizilien

  Besonderheit
  Bei Verben wie setzen, legen, zu etwas rechnen u. Ä. ergänzt das Lateinische den Ort im Ablativ. Das Deutsche hingegen fragt „Wohin?".

  in terra ponere
  auf die Erde legen

  spem in virtute ponere
  Hoffnung auf die Tüchtigkeit setzen

4.12 Der Ablativus temporis

- Der Ablativus temporis[1] (Ablativ der **Zeit**) gibt auf die Frage „Wann?" **Zeit** und auch **Zeitspannen** an.

nocte – prima luce
nachts – bei Tagesanbruch

aestate – hieme
im Sommer – im Winter

solis ortu – solis occasu
bei Sonnenaufgang – bei Sonnenuntergang

memoria patrum
zur Zeit der Vorfahren

paucis diebus
innerhalb weniger Tage

Bei **längeren Zeiträumen** und Zuständen steht der **Ablativ** verbunden **mit *in***.

in rebus secundis / adversis
im Glück / Unglück

in bello – in pace
im Krieg – im Frieden

[1] Der Ablativus temporis ist wohl aus dem Ablativus loci entstanden.

Nominalformen des Verbs im Satz

1 Partizipien

Während das Deutsche zusätzliche Erklärungen zu einem Satz häufig durch Nebensätze verschiedener Art gibt, sind Partizipialkonstruktionen in der lateinischen Sprache eine sehr häufige Erscheinung.

1.1 Formen

• Das Partizip wird vom **Stamm eines Verbs** gebildet.	mone-ns, lauda-tus
• Das Partizip hat die Form eines Adjektives mit **Kasus, Genus** und **Numerus**, kann aber wie ein Verb **Objekte** und **Adverbialia** bei sich haben.	

1.1.1 Partizip Präsens Aktiv (PPA)

• Das Partizip Präsens Aktiv (PPA) wird folgendermaßen gebildet: **Präsensstamm + -ns, -ntis**

lauda-ns, lauda-ntis
lobend; einer, der lobt

• Bei der 3. Konjugation und der i-Konjugation wird der **Bindevokal -e** eingefügt.

reg-e-ns, reg-e-ntis
leitend; einer, der leitet

audi-e-ns, audi-e-ntis
hörend; einer, der hört

• Das PPA wird dekliniert wie ein einendiges Adjektiv der Mischklasse (S. 13).
Der **Ablativ Singular** endet jedoch auf **-e**.

Singular	Plural
lauda-ns	lauda-nt-es, -ia
lauda-nt-is	lauda-nt-ium
lauda-nt-i	lauda-nt-ibus
lauda-nt-em, -ns	lauda-nt-es, -ia
a lauda-nt-e	lauda-nt-ibus

1.1.2 Partizip Perfekt Passiv (PPP)

- Das Partizip Perfekt Passiv (PPP) wird bei regelmäßigen Verben folgendermaßen gebildet:
  Verbalstamm + *-tus, -ta, -tum*

  Bei vielen unregelmäßigen Verben ändert sich jedoch der Stamm bei der Bildung des PPP. Die Stammformen geben als letzte Form immer das PPP an.

- Das PPP wird dekliniert wie ein dreiendiges Adjektiv der a-/o-Deklination.

lauda-tus, lauda-ta, lauda-tum
gelobt; einer, der gelobt worden ist

audi-tus, audi-ta, audi-tum
gehört; einer, der gehört worden ist

mittere, mitto, misi, <u>missum</u>
→ PPP: missus, -a, -um
geschickt; einer der geschickt worden ist

1.1.3 Partizip Futur Aktiv (PFA)

- Das Partizip Futur Aktiv (PFA) wird bei regelmäßigen Verben folgendermaßen gebildet:
  Verbalstamm + *-turus, -tura, -turum*

  Das PFA hat immer denselben Stamm wie die letzte Stammform, das PPP.

- Das PFA wird dekliniert wie ein dreiendiges Adjektiv der a-/o-Deklination.

lauda-turus, lauda-tura, lauda-turum
loben wollend, im Begriff zu loben; einer, der loben wird / will / im Begriff ist zu loben

mittere, mitto, misi, <u>missum</u>
→ PFA: missurus, -a, -um
schicken wollend, im Begriff zu schicken

1.2 Zeitverhältnisse

- Das **Partizip Präsens Aktiv (PPA)** drückt aus, dass eine Handlung zur gleichen Zeit stattfindet (bzw. stattfand) wie die des übergeordneten Prädikates: **Gleichzeitigkeit**

Domum redi**entes** liberi salutantur.
Als sie nach Hause <u>zurückkommen</u>, <u>werden</u> die Kinder begrüßt.

Domum redi**entes** liberi salutati sunt.
Als sie nach Hause <u>zurückkamen</u>, <u>wurden</u> die Kinder begrüßt.

- Das **Partizip Perfekt Passiv (PPP)** drückt aus, dass eine Handlung zeitlich vor der des übergeordneten Prädikates stattfand: **Vorzeitigkeit**

Hostes a Romanis superati arma deponunt.
Nachdem (als, weil) sie von den Römern besiegt <u>worden</u> <u>sind</u>, <u>legen</u> die Feinde die Waffen nieder.

Hostes a Romanis superati arma deposuerunt.
Nachdem (als, weil) sie von den Römern besiegt <u>worden</u> <u>waren</u>, <u>legten</u> die Feinde die Waffen nieder.

- Das **Partizip Futur Aktiv (PFA)** drückt aus, dass diese Handlung erst nach der des übergeordneten Prädikates stattfinden wird: **Nachzeitigkeit**

Venio medicum consulturus.
Ich komme, um den Arzt um Rat zu fragen (weil ich ... fragen will).

Veni medicum consulturus.
Ich kam, um den Arzt um Rat zu fragen (weil ich ... fragen wollte).

Besonderheit

- Das **PPP** von **Deponentien** bezeichnet oft die **Gleichzeitigkeit**:

ratus ***arbitratus***	glaubend, in der Meinung, im Glauben
confisus	vertrauend (auf); im Vertrauen (auf)
veritus (ne)	fürchtend (dass); aus Furcht (dass)
usus (m. Abl.)	gebrauchend

ratus id subire non posse
In der Meinung, dies nicht auf sich nehmen zu können

1.3 Attributive Verwendung des Partizips

- Rein attributive Partizipien drücken wie Adjektive eine dauernde **Eigenschaft/Tätigkeit/einen Zustand** ihres Bezugswortes aus.

Urbibus ad mare iacentibus multa pericula instant.
Am Meer gelegenen Städten drohen viele Gefahren.

- Attributive Partizipien werden entweder **wörtlich** oder mit einem **Relativsatz** übersetzt.

viri optime de re publica meriti
Männer, die sich um den Staat sehr verdient gemacht haben

Besonderheiten

- Einige Partizipien sind zu echten Adjektiven geworden.

appetens gloriae
ruhmbegierig

- Attributiv gebrauchte Partizipien werden auch zu selbstständigen Substantiven.

responsum
die Antwort

1.4 Prädikative Verwendung des Partizips

Prädikativ gebrauchte Partizipien kommen v. a. bei folgenden Verben und in folgenden Wendungen vor:

- mit *esse* zur Bezeichnung eines dauerhaften Zustands,*

audientem esse
gehorsam sein

- mit *habere* und *tenere* zur Verstärkung des Prädikatsinhalts oder Angabe eines dauerhaften Zustands,

rem cognitam habere
eine Sache deutlich erkannt haben, genau kennen

- in Verbindung **mit Verben der Wahrnehmung** zur Bezeichnung der unmittelbaren Wahrnehmung.

Audio liberos cantantes.
Ich höre die Kinder singen. (Ich höre, wie[1] die Kinder singen.)

- Zusammen **mit Formen von** *esse* bezeichnet das **Partizip Futur** eine unmittelbare Zukunft oder die Absicht der sprechenden/handelnden Person (sog. **Coniugatio periphrastica activa**).

abiturus est
er ist im Begriff wegzugehen, will weggehen

laudaturus eram
ich wollte loben, hatte die Absicht zu loben

[1] Im Unterschied zur AcI-Konstruktion wird hier mehr der Vorgang betont.

2   Participium coniunctum (PC)

Ein Partizip, das **Attribut** zu einem **Nomen des Satzes** ist, in dem es steht, nennt man Participium coniunctum (verbundenes Partizip).

- Das **Partizip Präsens Aktiv (PPA)** bezeichnet **Gleichzeitigkeit**.

  Philosophi ambulantes disputabant.
  Die Philosophen diskutierten beim Spazierengehen.

- Das **Partizip Perfekt Passiv (PPP)** bezeichnet **Vorzeitigkeit**.

  Reus damnatus flebat.
  Nach seiner Verurteilung weinte der Angeklagte.

- Das **Partizip Futur Aktiv (PFA)** bezeichnet **Nachzeitigkeit**.

  Venit propinquos visitaturus.
  Er kommt, um seine Verwandten zu besuchen.

Häufig umfasst ein Participium coniunctum neben dem Nomen und dem Partizip noch weitere Angaben.

Reus <u>iniuria</u> damnatus ...
der <u>zu Unrecht</u> verurteilte Angeklagte

2.1   Übersetzungsmöglichkeiten: Satzbau

- Insbesondere bei längeren Partizipialausdrücken empfiehlt sich die **Wiedergabe mit Relativsatz**.

  Reus iniuria damnatus ...
  der Angeklagte, der zu Unrecht verurteilt worden ist / war

- Oft ist das PC **satzwertig** und vertritt einen Adverbialsatz. Es kann auf folgende Arten übersetzt werden:

  Tarquinius regnans ...

  1. durch einen mit einer Subjunktion eingeleiteten **Nebensatz**

     <u>Als</u> Tarquinius herrschte, ...

  2. durch einen **Präpositionalausdruck**

     <u>Unter</u> der Herrschaft des Tarquinius ...

  3. durch **Beiordnung**

     Tarquinius war König. <u>Damals</u> ...

2.2 Übersetzungsmöglichkeiten: adverbiale Sinnrichtungen

Folgende **Sinnrichtungen** sind möglich:

Liberi venientes ...

- **temporal**
  1. als, während[1], nachdem[2]
  2. bei[1], während[1], nach[2]
  3. (und) dabei[1], währenddessen[1], (und) danach / dann / darauf[2]

Als die Kinder kamen, ...
Beim Kommen der Kinder ...
Die Kinder kamen. Dabei ...

- **kausal**
  1. weil, da
  2. wegen, infolge
  3. (und) deshalb

Weil (Da) die Kinder kamen, ...
Wegen des Kommens der Kinder ...
Die Kinder kamen. Deshalb ...

- **konzessiv**
  1. obwohl, obgleich
  2. trotz
  3. (und) trotzdem, (und) dennoch

Obwohl die Kinder kamen ...
Trotz des Kommens der Kinder ...
Die Kinder kamen. Trotzdem ...

- **modal**
  1. indem; dadurch, dass
  2. bei, durch
  3. (und) dabei, (und) dadurch; (und) so

Dadurch, dass die Kinder kamen, ...
Durch das Kommen der Kinder ...
Die Kinder kamen. So ...

- **konditional**
  1. wenn, falls
  2. im Falle[3]

Wenn (falls) die Kinder kommen ...
Im Falle des Kommens der Kinder ...

- **final**[4]
  1. damit, um ... zu

Discipuli advolant magistrum consulturi.
Die Schüler eilen herbei, um den Lehrer um Rat zu fragen.

  2. zum Zweck (von)[3], um ... willen

Die Schüler eilen zu dem Zweck, den Lehrer um Rat zu fragen, (zur Befragung des Lehrers) herbei.

---

1 nur bei Gleichzeitigkeit (PPA)
2 nur bei Vorzeitigkeit (PPP)
3 Diese Übersetzung wirkt im Deutschen meist etwas umständlich.
4 nur bei Nachzeitigkeit (PFA); die Verwendung ist nachklassisch.

3 Ablativus absolutus

- Der Ablativus absolutus ist mit keinem Nomen des Restsatzes verbunden, sondern steht sozusagen **losgelöst** *(absolutus)* vom übrigen Satz. Er bildet eine **geschlossene Aussageeinheit** mit satzwertigem Charakter.

- Der Ablativus absolutus besteht aus einem **Nomen** (meist Substantiv) **im Ablativ** und einem **Partizip im Ablativ**.

<u>Amico veniente</u> gavisus sum.

Nomen   Partizip
im Abl.   im Abl.

Als / Weil der Freund kam, freute ich mich.

- Das **Partizip Präsens Aktiv (PPA)** bezeichnet die **Gleichzeitigkeit**.

<u>Magistra veniente</u> discipuli tacebant.
Als / Weil die Lehrerin kam, wurden die Schüler ruhig (schwiegen …).

- Das **Partizip Perfekt Passiv (PPP)** bezeichnet die **Vorzeitigkeit**.

<u>Poena sublata</u> discipuli gaudebant.
Nachdem / Weil die Strafe aufgehoben worden war, freuten sich die Schüler.

Ein Partizip Futur Aktiv (PFA) kommt äußerst selten vor.

3.1 Übersetzungsmöglichkeiten: Satzbau

- Der Ablativus absolutus wird auf folgende Arten wiedergegeben:

<u>Urbe deleta</u> omnes ad naves concurrerunt.

  1. durch einen mit einer Subjunktion eingeleiteten **Nebensatz**

<u>Als / Nachdem die Stadt zerstört worden war</u>, strömten alle bei den Schiffen zusammen.

  2. durch einen **Präpositionalausdruck**

<u>Nach Zerstörung der Stadt</u> strömten alle bei den Schiffen zusammen.

  3. durch **Beiordnung**

<u>Die Stadt war zerstört worden.</u> <u>Daraufhin</u> strömten alle bei den Schiffen zusammen.

3.2 Übersetzungsmöglichkeiten: adverbiale Sinnrichtungen

Folgende **Sinnrichtungen** sind möglich:

Urbe deleta …

- **temporal**
  1. als, während[1], nachdem[2]

     Als/Nachdem die Stadt zerstört worden war, …
  2. bei[1], während[1], nach[2]

     Nach Zerstörung der Stadt …
  3. (und) dabei[1], währenddessen[1], (und) danach/dann/darauf[2]

     Die Stadt war zerstört worden. Daraufhin …

- **kausal**
  1. weil, da

     Weil die Stadt zerstört worden war, …
  2. wegen, infolge

     Wegen der Zerstörung der Stadt …
  3. (und) deshalb

     Die Stadt war zerstört worden. Deshalb …

- **konzessiv**
  1. obwohl, obgleich

     Obwohl die Stadt zerstört worden war, …
  2. trotz

     Trotz der Zerstörung der Stadt …
  3. (und) trotzdem, (und) dennoch

     Die Stadt war zerstört worden. Trotzdem …

- **modal**
  1. indem; dadurch, dass

     Dadurch dass die Stadt zerstört worden war, …
  2. bei, durch, unter

     Durch die Zerstörung der Stadt …
  3. (und) dabei, (und) dadurch; (und) so

     Die Stadt war zerstört worden und dadurch …

- **konditional**[3]
  1. wenn, falls
  2. im Falle[4]

     Hostibus urbem expugnantibus …
     Falls die Feinde die Stadt erobern, …
     Im Falle der Eroberung der Stadt durch die Feinde …

---

1 nur bei Gleichzeitigkeit (PPA)
2 nur bei Vorzeitigkeit (PPP)
3 Eine konditionale Sinnrichtung kommt nur selten vor.
4 Diese Übersetzung wirkt im Deutschen meist etwas umständlich.

3.3 Nominale Wendungen

- Zu *esse* gibt es kein Partizip Präsens. In Wendungen, in denen ein solches eigentlich nötig wäre, entfällt das Partizip. Der Ablativus absolutus besteht so **nur aus Substantiven / Adjektiven** bzw. **Pronomina**.

Cicerone consule
als Cicero Konsul war,
unter dem Konsulat Ciceros

magistro ignaro
ohne Wissen des Lehrers

- Solche „nominalen Wendungen" sind in Relation zur Handlung des übrigen Satzes immer **gleichzeitig**.

Patre vivo saepe Romam visitavimus.
Zu Lebzeiten des Vaters haben wir Rom oft besucht.

- Man übersetzt die nominale Ablativus-absolutus-Wendung am besten durch einen **Präpositionalausdruck**.

me auctore
auf meine Veranlassung (hin)

natura duce
unter der Führung der Natur

magistris invitis
gegen den Willen der Lehrer

4 Gerund (Gerundium)

- Das Gerund ist ein **Verbalsub-stantiv**, das einen **Zustand** oder einen **Vorgang** beschreibt.

  ars legendi
  die Kunst des Lesens

- Das Gerund ersetzt die fehlenden Kasus des Infinitiv Präsens Aktiv und kann somit als **deklinierter Infinitiv** bezeichnet werden.

4.1 Form

- Das Gerund wird gebildet aus **Verbalstamm + nd + Ausgang**. Es wird dekliniert wie ein Neu-trum Singular der o-Deklination.

Nom.	(laudare)
Gen.	lauda-**nd**-i
Dat.	lauda-**nd**-o
Akk.	(laudare)
	ad lauda-**nd**-um
Abl.	(in) lauda-**nd**-o

4.2 Verwendung

- Im **Nominativ** und im **Akkusativ ohne Präposition** steht der (Sub-jekts- bzw. Objekts-) **Infinitiv**.

  Errare humanum est.
  Irren ist menschlich.

- Der Dativ kommt nur in seltenen, v. a. formelhaften Wendungen vor.

  Beate vivendo studemus.
  Wir bemühen uns um ein glückliches Leben.

- Der **Akkusativ** des Gerunds steht immer, der **Ablativ** häufig, der **Genitiv** gelegentlich mit einer **Präposition**.

  ad beate vivendum
  zum glücklichen Leben
  um glücklich zu leben

  in honeste vivendo
  bei einem ehrenhaften Leben,
  während man ehrenhaft lebt

  beate vivendi causa
  um glücklich zu leben
  um eines glücklichen Lebens willen

4.3 Erweiterungen

Das Gerund kann folgendermaßen
erweitert sein:

- durch **Objekte**

  ars <u>aves</u> pingendi
  die Kunst, <u>Vögel</u> zu malen

- durch **Adverbien**

  ars <u>pulchre</u> pingendi
  die Kunst, <u>schön</u> zu malen

4.4 Übersetzungsmöglichkeiten

Das Gerund kann im Deutschen
folgendermaßen wiedergegeben
werden:

- durch den **substantivierten
  Infinitiv**

  ars pingendi
  die Kunst <u>des Malens</u>

- durch den **Infinitiv mit „zu"**

  occasio fugiendi
  die Gelegenheit <u>zu fliehen</u>

- durch ein **Substantiv** (oft ein
  Verbalsubstantiv auf -ung)

  facultas rem perficiendi
  *die Möglichkeit <u>der Durchfüh-
  rung</u> / <u>Verwirklichung</u> der Sache*

- evtl. auch durch einen **Gliedsatz**
  (selten)

  Diligenter studendo brevi multum
  efficies.
  *Wenn du dich sorgfältig bemühst,
  wirst du bald viel erreichen.*

5 Gerundiv

Das Gerundiv ist ein **Verbaladjektiv** mit **passiver Bedeutung**. Es kann Folgendes bezeichnen:

- einen sich vollziehenden **Vorgang**

  in conservanda re publica
  beim Bewahren des Staates

- eine **Notwendigkeit**

  Vir <u>laudandus</u> est.
  Der Mann <u>muss gelobt werden</u>.

- den **Zweck** einer Handlung

  Tibi librum <u>legendum</u> do.
  Ich gebe dir dieses Buch <u>zum Lesen</u>.

5.1 Form

- Das Gerundiv wird gebildet aus **Verbalstamm + nd + -us, -a, -um**.

  laudandus, -a, -um

- Es wird **wie ein Adjektiv auf -us, -a, -um** dekliniert und richtet sich in Kasus, Genus und Numerus nach dem zugehörigen Nomen.

  pons aedificandus
  puella laudanda
  scelus puniendum

5.2 Verwendung und Übersetzungsmöglichkeiten

5.2.1 Bezeichnung eines sich vollziehenden Vorgangs

Bei **attributiver Verwendung** bezeichnet das Gerundiv einen sich vollziehenden Vorgang und ist damit gleichbedeutend mit dem Gerund.

Gerundiv:
consilium Itali<u>ae</u> relinquend<u>ae</u>
der Plan, Italien zu verlassen

= Gerund:
consilium Itali<u>am</u> relinquend<u>i</u>

Das attributiv verwendete Gerundiv kann (wie das Gerund) folgendermaßen wiedergegeben werden:

1. durch den **substantivierten Infinitiv**

   consiliis capiendis
   durch das Fassen von Plänen

2. durch den **Infinitiv mit „zu"**

ad ludos spectandos
um die Spiele zu sehen

3. durch ein **Substantiv** (oft ein Verbalsubstantiv auf -ung)

consilium huius rei gerendae capere
den Plan zur Ausführung dieser Sache fassen

- In attributiver Verwendung kommt das Gerundiv häufig im **Genitiv** und im **Ablativ** sowie in Verbindung **mit Präpositionen** vor.

oraculi consulendi causa
um das Orakel zu befragen

in capiendis consiliis
beim Fassen von Plänen

de pace facienda
über den Friedensschluss

- Die attributive Verwendung des Gerundivs ist **nur bei transitiven Verben** möglich.

- Die Deponentien *uti, frui, fungi, vesci* und *potiri*[1], die mit Ablativ stehen, werden bei Gerundivkonstruktionen wie transitive Verben behandelt. Sie bilden daher auch alle Formen des Gerundivs.

occasio victoriae utendae
die Gelegenheit, den Sieg zu nutzen

5.2.2 Bezeichnung einer Notwendigkeit

- In Verbindung mit *esse* bezeichnet das Gerundiv eine **Notwendigkeit.** Es wird dabei gebraucht wie ein **Prädikatsnomen.**

- Das Gerundiv in der Verbindung mit *esse* wird übersetzt mit

  1. **„(getan werden) müssen"**

  Epistula scribenda est.
  Der Brief muss geschrieben werden.

  2. in verneinten Sätzen: **„nicht (getan werden) dürfen".**

  Iniuria ferenda non est.
  Unrecht darf nicht geduldet werden.

[1] *potiri* steht (selten) auch mit Genitiv.

- Die **Person**, von der etwas getan werden muss bzw. nicht getan werden darf, steht im **Dativus auctoris** und kann mit **„von"** wiedergegeben werden. Schöner ist die **Umformung ins Aktiv**.

Epistula <u>tibi</u> scribenda est.
<u>Von dir</u> muss ein Brief geschrieben werden.
Schöner: *<u>Du</u> musst einen Brief schreiben.*

- Bei **unpersönlichem Gebrauch** des Gerundivs übersetzt man am besten mit **„Es muss / darf nicht (getan werden)"** oder **„Man muss / darf nicht (tun)"**.

Scribend<u>um</u> est.
Es muss geschrieben werden; man muss schreiben.

- Besonders in Acl / Ncl-Konstruktionen entfällt *esse* häufig.

Haec res mihi laudanda videtur.
Diese Sache muss, wie mir scheint, gelobt werden.

Besonderheiten

- In einigen Wendungen wird das Gerundiv in der Bedeutung „müssen" **attributiv** gebraucht: Es erhält hier oft **adjektivischen Charakter** und kann auch so ins Deutsche übersetzt werden.

fortitudo admiranda
Tapferkeit, die bewundert werden muss; bewundernswerte Tapferkeit

iniuria non toleranda
Unrecht, das nicht ertragen werden kann; unerträgliches Unrecht

- **Intransitive Verben** bilden in Zusammenhang **mit** *esse* nur die **unpersönliche Form** der 3. Person Singular (es ..., man ...).

parcere → parcend<u>um</u> (est)

- Häufig ist der **unpersönliche Gebrauch** des Gerundivs bei Verben, die **absolut** (d. h. ohne Objekt) gebraucht werden (können), und bei intransitiven Verben. Diese behalten, wenn sie nicht absolut gebraucht werden, den Kasus, den sie generell bei sich haben.

Iniuri<u>arum</u> obliviscendum est.
Man muss Ungerechtigkeiten vergessen (können).

5.2.3 Bezeichnung eines Zweckes

- In Verbindung mit Verben des **Gebens, Schickens, Überlassens** und **Nehmens** (wie etwa *dare, praebere, mittere, tradere, sumere*) bezeichnet das Gerundiv den **Zweck** einer Handlung (final). Es wird dabei **prädikativ** gebraucht.

  Liberi Romani magistro <u>educandi traditi sunt</u>.
  Die römischen Kinder wurden einem Lehrer <u>zur Erziehung übergeben</u>.

- Ins Deutsche übersetzt man das final verwendete Gerundiv folgendermaßen:

  1. mit einem Präpositionalgefüge, beginnend mit **„zu"**

     Hunc librum discipulis <u>legendum do</u>.
     Dieses Buch <u>gebe</u> ich meinen Schülern <u>zum Lesen</u>.

  2. (gelegentlich) mit einem **Finalsatz**

     Dieses Buch <u>gebe</u> ich meinen Schülern, <u>damit sie es lesen</u>.

  3. mit einem **Infinitiv** (bei *curare*). *Curare* hat in Verbindung mit einem Gerundiv die Bedeutung „veranlassen, lassen".

     Caesar pontem <u>faciendum curavit</u>.
     Cäsar <u>ließ</u> die Brücke <u>bauen</u>.

6 Supin*

Einige Verben bilden Substantive der u-Deklination, wie *intellegere* (einsehen, verstehen): *intellectus, -us* (Einsicht, Verstand).
Einige solcher **Verbalsubstantive** kommen nur im Ausgang -*um* (Akkusativ der Richtung) bzw. -*u* (möglicherweise eine alte Form des Dativus finalis) vor, die Supina. Diese sind nur für die Lektürephase relevant und werden vermutlich nur kurz im Unterricht thematisiert.

6.1 Supin auf -um

- Das Supin auf -*um* gibt **bei Verben des Gehens und Schickens** das **Ziel** dieser Handlung an. Damit ersetzt es einen Finalsatz.

- Ins Deutsche wird es mithilfe der Präposition **„zu"** oder der Konjunktion **„um zu"** übersetzt.

salutatum venire
zur Begrüßung kommen

aliquem auxilium rogatum mittere
jemanden schicken, um Hilfe zu erbitten

6.1 Supin auf -u

- Das Supin auf -*u* steht nach einigen **Adjektiven**, häufig auf -*ilis* oder -*bilis*, oder in **festen Wendungen**.

- Im Deutschen wird es mit dem **Infinitiv mit „zu"** wiedergegeben.

facile intellectu
leicht einzusehen

incredibile dictu est
es klingt unglaublich (es ist unglaublich zu sagen)

optimum factu putare
für das Beste (zu tun) halten

7 Der bloße Infinitiv

7.1 Formen

	Aktiv		Passiv	
Präsens	lauda-re	*(zu) loben*	lauda-ri	*gelobt (zu) werden*
Perfekt	laudav-isse	*gelobt (zu) haben*	lauda-tum, -am, -um esse	*gelobt worden (zu) sein*
Futur	lauda-turum, -am, -um esse	*loben (zu) werden*	lauda-tum iri	*in Zukunft gelobt (zu) werden*

7.2 Verwendung

7.2.1 Der Infinitiv als Subjekt

- Der sog. **Subjektsinfinitiv** nimmt im Satz die Stelle eines Subjekts ein. Er gilt als **Neutrum**.

  <u>Errare</u> humanum est.
  <u>Irren</u> ist menschlich.

- Er steht nach **unpersönlichen Ausdrücken** wie:

decet	es schickt sich, gehört sich	
licet	es ist erlaubt / möglich	Omnia videre licet. *Es ist möglich, alles zu sehen.*
oportet	es gehört sich, man muss	Pauperes adiuvare oportet. *Man muss den Armen helfen.*
iuvat	es erfreut, macht Freude	Iuvat urbes praeclaras et monumenta antiqua videre. *Es macht Freude, herrliche Städte und alte Denkmäler zu sehen.*
placet	es gefällt, man beschließt	senatui placuit consulem provinciam obtinere *der Senat beschloss, dass der Konsul die Provinz innehaben sollte.*

praestat	es ist besser	
interest ⎤ *refert* ⎦	es ist von Inter- esse, ist wichtig	Mei maxime interest litteris studere. *Es ist mir sehr wichtig, mich mit den Wissenschaften zu beschäftigen*
necesse est	es ist nötig	

7.2.2 Der Infinitiv als Objekt

• Der sog. **Objektsinfinitiv** nimmt die Stelle eines **Akkusativobjektes** ein.		Cantare scio. *Ich kann singen (wörtl.: beherrsche das Singen).*
• Er steht v. a. bei Verben des **Könnens, Wollens und Sollens** wie:		
posse	können	Hoc non fieri potest. *Das kann nicht geschehen.*
(ne)scire	(nicht) verste- hen, wissen	
debere	müssen	
velle	wollen	Tecum colloqui volo.
nolle	nicht wollen	*Ich will mich mit dir unterhalten.*
malle	lieber wollen	
cupere	begehren, wünschen	
studere	sich bemühen	
cunctari	zögern	
conari	versuchen	
constituere ⎤ *decernere* ⎦	beschließen	Romam proficisci constitui. *Ich beschloss, nach Rom aufzubrechen.*

8 AcI

Aussagen und Wahrnehmungen werden im Lateinischen meist durch den AcI wiedergegeben, den *accusativus cum infinitivo* (**Akkusativ mit Infinitiv**).

8.1 Form

- Der AcI enthält stets eine **Aussage**. Diese hat mindestens ein Subjekt und ein Prädikat, ist also satzwertig.

- Der AcI hängt stets von einem übergeordneten Verb ab.
  Das **Subjekt** des AcI erscheint im **Akkusativ**, das **Prädikat** im **Infinitiv**.

Discipuli putant: „Magister iustus est."
Die Schüler glauben: „Der Lehrer ist gerecht."

AcI
Discipuli <u>magistrum iustum esse</u> putant.
Die Schüler glauben, dass der Lehrer gerecht sei.

8.2 Zeitverhältnisse

Grundsätzlich können im AcI alle Infinitive vorkommen.

- Der **Infinitiv Präsens** gibt die **Gleichzeitigkeit** der AcI-Handlung zum Hauptverb an.

- Der **Infinitiv Perfekt** gibt die **Vorzeitigkeit** der AcI-Handlung zum Hauptverb an.

- Der **Infinitiv Futur** gibt die **Nachzeitigkeit** der AcI-Handlung zum Hauptverb an.

Servus nuntiat …
Der Sklave meldet, …

… hospites <u>appropinquare</u>.
… dass die Gäste <u>sich nähern</u>.

… hospites iam domo <u>exisse</u>.
… dass die Gäste schon aus dem Haus <u>gegangen seien</u>.

… hospites brevi <u>adventuros esse</u>.
… dass die Gäste bald <u>eintreffen werden</u>.

8.3 Pronomina

- **Personalpronomina** müssen im AcI grundsätzlich erscheinen.

Bene laboras. *Du arbeitest gut.*

AcI: Constat <u>te</u> bene laborare.
Es steht fest, dass du gut arbeitest.

- **Personal-** und **Possessivpronomina der 3. Person**, die sich auf das **Subjekt zum einleitenden Verb** beziehen, werden **reflexiv**.

Marcus narrat <u>se</u> sero advenisse.
Markus erzählt, er sei spät angekommen.

- Bezieht sich das Pronomen auf eine **dritte Person**, so steht das **Demonstrativpronomen**.

Pater queritur <u>eum</u> sero advenisse.
Der Vater beklagt, dass er (Markus!) spät angekommen sei.

8.4 Übersetzungsmöglichkeiten

Es gibt folgende Möglichkeiten, den AcI ins Deutsche zu übersetzen:

Magister putat quosdam discipulos parum laboravisse.

- Gliedsatz mit **„dass"**

Der Lehrer glaubt, <u>dass</u> manche Schüler zu wenig gearbeitet haben.

- Gliedsatz mit **„dass"** im **Konjunktiv**

Der Lehrer glaubt, <u>dass</u> manche Schüler zu wenig gearbeitet <u>hätten</u>.

- Gliedsatz ohne „dass" im **Konjunktiv**

Der Lehrer glaubt, manche Schüler <u>hätten</u> zu wenig gearbeitet.

- **Parenthese** (Einschub)

Manche Schüler haben, <u>wie der Lehrer glaubt</u>, zu wenig gearbeitet.

- **Präpositionalausdruck**

<u>Nach Meinung des Lehrers</u> haben manche Schüler zu wenig gearbeitet.

- (gelegentlich) **Infinitiv**

Video te domo exire.
Ich sehe dich aus dem Haus <u>gehen</u>.

- (gelegentlich) **Adverb**

Spero te brevi rediturum esse.
<u>Hoffentlich</u> wirst du bald zurückkommen.

Beachte: Nachzeitigkeit muss nicht immer wiedergegeben werden.

Spero te brevi rediturum esse.
Ich hoffe, du <u>kommst</u> bald <u>zurück</u>.

8.5 Verben, auf die der AcI folgt

- Der AcI steht nach **Verba dicendi** wie:

dicere	sagen
negare	verneinen, leugnen
tradere	überliefern
promittere	versprechen
contendere	behaupten
nuntiare	melden
certiorem facere	benachrichtigen
persuadere	überzeugen

Negavit se hoc fecisse.
Er leugnete, dies getan zu haben.

Tradunt veteres Homerum caecum fuisse.
Die Alten überliefern, Homer sei blind gewesen.

Caesar certior factus est hostes castra movisse.
Cäsar wurde benachrichtigt, dass die Feinde das Lager verlegt hätten.

- Der AcI folgt auf **Verba sentiendi** (Verben der Wahrnehmung):

audire	hören, vernehmen
animadvertere	wahrnehmen
videre	sehen
intellegere	einsehen
cognoscere	erkennen
sentire	fühlen, meinen
comperire	erfahren
scire	wissen
sperare	hoffen

Exploratores hostes appropinquare animadverterunt.
Die Späher bemerkten, dass die Feinde nahten.

Te valde laborare sentio.
Ich fühle, dass du sehr leidest.

putare *credere* *arbitrari* *existimare* *opinari*	glauben, meinen

Puto hos labores difficiliores esse.
Ich glaube, dass diese Arbeiten recht schwierig sind.

- Der Acl steht bei **Verba affectus** (Verben der Gefühlsäußerung):

laetari, gaudere	sich freuen	Te brevi venturum esse gaudeo.
mirari	sich wundern	*Ich freue mich darüber, dass du bald kommst (kommen wirst).*
dolere	Schmerz empfinden	Avum mortem obisse doleo.
		Ich empfinde Schmerz darüber, dass der Großvater gestorben ist.
queri	klagen	

- Der Acl steht auch nach **unpersönlichen Verben**:

constat	es steht fest, es ist bekannt	Constat Romanos ad lacum Trasimenum victos esse.
oportet	es gehört sich	*Es ist bekannt, dass die Römer am Trasimener See geschlagen worden sind.*
necesse est	es ist nötig	
fugit *fallit* *praeterit*	es entgeht, es bleibt verborgen	Magistrum non praeteriit quosdam discipulos officia neglexisse.
apparet	es ist offenkundig	*Es entging dem Lehrer nicht, dass manche Schüler ihre Pflichten vernachlässigt hatten.*

8.6 Besonderheiten

- Der Infinitiv *esse* **entfällt** im Acl häufig.

  Spero te brevi rediturum.
  Ich hoffe, dass du bald zurückkehrst.

- In einem Satz mit Acl kann die **Verwendung der Akkusative mehrdeutig** sein, wenn ein Akkusativobjekt vorhanden ist. Hier entscheidet der Zusammenhang.

  Magister narrat Caesarem Gallos superavisse.
  Der Lehrer erzählt, Cäsar habe die Gallier besiegt (rein grammatikalisch wäre auch richtig: …, die Gallier hätten Cäsar besiegt).

9 NcI

Der NcI (**Nominativ mit Infinitiv**) ist eine dem AcI verwandte Konstruktion.

9.1 Konstruktion

Der NcI tritt (lediglich) nach einigen Verba dicendi und sentiendi auf, wenn das **einleitende Verb im Passiv** steht.

Aus dem Akkusativ des AcI wird hier dann ein **Nominativ**.

AcI: Multi magistrum iustum esse putant.
Viele glauben, dass der Lehrer gerecht sei.

NcI: <u>Magister</u> iust<u>us</u> esse <u>putatur</u>.
Man glaubt, dass der Lehrer gerecht sei.

9.2 Übersetzungsmöglichkeiten

Es gibt folgende Möglichkeiten, den NcI ins Deutsche zu übersetzen:

Magister iustus (esse) putatur.

- **Passiv**

  <u>Es wird geglaubt</u>, dass der Lehrer gerecht ist.

- unpersönlicher Ausdruck mit „man"

  <u>Man glaubt</u>, dass der Lehrer gerecht ist.

- **Präpositionalausdruck**

  <u>Nach allgemeiner Meinung</u> ist der Lehrer gerecht.

- **Parenthese** (Einschub)

  Der Lehrer ist – wie man glaubt – gerecht.

- **Adverbien**

  Magister iustus (esse) videtur.
  Der Lehrer ist <u>anscheinend</u> gerecht.

- Bei einigen Verben ist eine **freiere** **Übersetzung** möglich.

  Magister iustus (esse) videtur.
  Der Lehrer <u>scheint</u> gerecht zu sein.

  Magister iustus (esse) dicitur.
  Der Lehrer <u>soll</u> gerecht sein.

9.3 Verben, auf die der Ncl folgt

- Der Ncl steht v. a. beim Passiv folgender **Verba dicendi** und **sentiendi**:

dicor[1]	man sagt, dass ich …; ich soll …; angeblich …	Homerus caecus fuisse dicitur. *Homer soll blind gewesen sein.*
videor	ich scheine; anscheinend …	
putor *existimor*	man glaubt von mir, dass ich …; man hält mich für …; ich gelte als …	
traditur *fertur*	es wird überliefert, dass …; der Überlieferung nach; angeblich	Homerus caecus fuisse traditur. *Es wird überliefert, dass Homer blind gewesen ist. (Der Überlieferung nach war Homer blind.)*

- Gelegentlich steht der Ncl beim Passiv von Verben der Willensäußerung:*

sinor	man gestattet mir; mir wird erlaubt; ich darf	Liberi aedem intrare sinuntur. *Man gestattet den Kindern, den Tempel zu betreten.*
prohibeor *vetor*	man verbietet mir; ich darf nicht	Liberi aedem intrare prohibentur. *Man verbietet den Kindern, den Tempel zu betreten.*
iubeor	man befiehlt mir; ich muss, soll	
cogor	man zwingt mich; ich muss	Ex urbe exire cogor. *Man zwingt mich, die Stadt zu verlassen. (Ich muss die Stadt verlassen.)*

[1] Auch alle anderen Personen sind jeweils möglich, z. B. *diceris*: man sagt, dass du …, du sollst …

Hauptsätze

1   Der Modusgebrauch in Hauptsätzen

Das Lateinische kennt neben dem Imperativ (Modus des Befehls) als die beiden hauptsächlichen Modi (d. h. Aussageweisen):
- Indikativ (Modus der Wirklichkeit)
- Konjunktiv (Modus der „Vorstellung", d. h. eines als möglich, gewollt oder unwirklich dargestellten Vorgangs)

1.1   Der Indikativ

Durch den Indikativ wird ein Ereignis oder ein Sachverhalt als **wirklich** dargestellt (**Realis**).

Die Verwendung des Realis stimmt im Lateinischen und im Deutschen weitgehend überein. Abweichend vom Deutschen steht im Lateinischen der Indikativ:

- bei Ausdrücken, die ein zwar nicht wirklich eintretendes Geschehnis (daher im Deutschen Konjunktiv), aber dessen **durchaus mögliches** oder (eigentlich) **notwendiges Eintreten** enthalten

  facere possum (poteram / potui)
  ich könnte tun (hätte tun können)

  oportet (oportuit)
  man müsste (hätte … müssen)

  praestat – meum est (erat)
  es wäre besser – es wäre meine Aufgabe (gewesen)

- bei Wendungen, die ausdrücken, dass etwas **beinahe passiert** wäre

  paene / prope cecidi
  beinahe wäre ich gefallen

- bei Wendungen, die das **Unvermutete** eines tatsächlichen Geschehnisses zum Ausdruck bringen

  numquam putavi
  ich hätte niemals geglaubt

  non sperabam
  ich hätte nicht erwartet

- bei **rhetorischen Fragen**, die eigentlich eine Aussage enthalten.

  quis ignorat?
  Wer wüsste nicht?

1.2 Der Konjunktiv

1.2.1 Der Optativ

- Als Optativ bezeichnet der Konjunktiv den **Modus des Wunsches.**

- **Erfüllbare** oder als erfüllbar gedachte **Wünsche** werden folgendermaßen ausgedrückt:

Gegenwart	Konj. Präsens
Vergangenheit	Konj. Perfekt

Sis felix!
Mögest du glücklich sein!

Sie können verstärkt sein durch:

utinam	dass doch, hoffentlich, doch

(Utinam) salvus in patriam redierit!
Hoffentlich ist er wohlbehalten in die Heimat zurückgekehrt!

velim	ich möchte, doch

Velim Romae maneas!
Ich möchte, dass du in Rom bleibst!

- **Unerfüllbare** oder als unerfüllbar gedachte **Wünsche** werden folgendermaßen ausgedrückt:

Gegenwart	Konj. Imperfekt
Vergangenheit	Konj. Plusquamperfekt

Sie sind stets eingeleitet durch:

utinam	(dass) doch
vellem	ich wünschte

Utinam/Vellem maneres!
Bliebest du doch! Ich wünschte, du bliebest!

Vellem domi mansisses!
Wärest du doch zuhause geblieben! Ich wünschte, du wärest zuhause geblieben!

- Verneint werden Wunschsätze generell mit **ne** (bzw. **utinam ne/nolim** bzw. **nollem**).

Ne me deserat!
Er (sie) möge mich nicht im Stich lassen!

Nollem id dixisses!
Hättest du das doch nicht gesagt! Ich wünschte, du hättest das nicht gesagt!

1.2.2 Der Konzessiv

- Der **Konzessiv** (lat. *concedere*, einräumen) hat sich aus dem Optativ entwickelt: Etwas wird zwar nicht gewünscht, wohl aber **eingeräumt**.

Gegenwart	Konj. Präsens	neget (sane)
Vergangenheit	Konj. Perfekt	*mag er (immerhin / ruhig) leugnen*

Er kann verstärkt sein durch:

negaverit (sane)
mag er (immerhin / ruhig) geleugnet haben

sane	immerhin, ruhig, meinetwegen

1.2.3 Der Potentialis

- Der Potentialis bezeichnet den Konjunktiv als **Modus der Vorstellung**: Er wird verwendet, wenn die Gültigkeit einer Aussage als nur **möglich** oder gedacht dargestellt werden soll. Er drückt also eine **gemilderte Behauptung** aus.

Gegenwart	Konj. Präsens Konj Perfekt (!)	dicat / dixerit aliquis *es könnte / dürfte / mag jmd. sagen*
Vergangenheit	Konj. Imperfekt	videres / cerneres *man hätte sehen können*

- Die Verneinung ist *non*.

- Der **Potentialis der Gegenwart** wird im Deutschen durch „**könnte**", „**dürfte**" bzw. die Einfügung der Adverbien „**wohl**", „**vielleicht**" wiedergegeben.

crediderim
ich könnte / möchte glauben

credas / putes
man könnte glauben, glaubt wohl

- Der **Potentialis der Vergangenheit** kommt nur in wenigen Wendungen vor. Er wird übersetzt mit „**hätte wohl ...**", „**hätte ... können**".

vix quisquam crederet
kaum jmd. hätte wohl geglaubt

1.2.4 Der Irrealis

- Der Irrealis wird verwendet, wenn ein Sachverhalt als **nicht wirklich** dargestellt wird.

Sine amicis vita tristis esset.
Ohne Freunde wäre das Leben traurig.

- Der Irrealis wird folgendermaßen ausgedrückt:

Gegenwart	Konj. Imperfekt
Vergangenheit	Konj. Plusquam-perfekt

venirem
ich käme, würde kommen

venissem
ich wäre gekommen

- Die Verneinung ist **non**.

- Der Irrealis kommt häufig in **Konditionalsätzen** vor.

Si tacuisses, philosophus mansisses.
Wenn du geschwiegen hättest, wärest du ein Philosoph geblieben.

- Ins Deutsche wird der Irrealis wörtlich übersetzt, d. h. mit Konjunktiv Imperfekt bzw. Plusquamperfekt wiedergegeben.

1.2.5 Hortativ, Iussiv, Prohibitiv

Der Konjunktiv kann auch als **Modus der Aufforderung** verwendet sein.

- Im **Hortativ** (von lat. *hortari*) werden Personen, zu denen der Sprecher gehört, zu einer **gemeinsamen Handlung** aufgefordert:

  Er steht in der **1. Pers. Pl.** des **Konjunktiv Präsens**.

  Übersetzt wird er mit „**Lasst uns …**", „**Wollen wir …**".

Eamus!
Lasst uns gehen! Wollen wir gehen!

- Der **Iussiv** (von lat. *iubere*) drückt einen **Befehl** an eine 3. Person aus:

  Er steht in der **3. Pers. Sg.** oder **Pl.** des **Konjunktiv Präsens**.

  Übersetzt wird er mit **„sollen"**.

  veniat!
  Er, sie (es) soll kommen!

  veniant!
  Sie sollen kommen!

- Der **Prohibitiv** (von lat. *prohibere*) drückt ein **Verbot** aus, das sich an eine oder mehrere angeredete Person(en) richtet.

  Er steht in der **2. Pers. Sg.** oder **Pl.** des **Konjunktiv Perfekt** (!) und ist stets mit der Verneinung *ne* verbunden.

  Im Deutschen wird er wie ein **verneinter Imperativ** wiedergegeben.

  Ne alios laeseris!
  Verletze andere nicht!

  Ne alios laeseritis!
  Verletzt andere nicht!

1.2.6 Der Deliberativ

- Als Deliberativ beinhaltet der **Konjunktiv** eine (fragende) **Überlegung** der sprechenden Person (im Hauptsatz).

Gegenwart	Konj. Präsens
Vergangenheit	Konj. Imperfekt

Quid faciam?
Was soll ich tun?

Quid facerem?
Was hätte ich tun sollen?

- Der Deliberativ wird im Deutschen mit **„sollen"** wiedergegeben.

- Häufig finden sich auch **Wahlfragen**. „Oder" wird hier mit *an* wiedergegeben.

Abeamne an maneam?
Soll ich weggehen oder bleiben?

2 Fragesätze

Es gibt direkte und indirekte Fragen. Die **indirekten Fragen** gehören zu den
Nebensätzen (vgl. S. 142). Es gibt drei Arten von Fragesätzen:
- Wortfragen
- Satzfragen
- Doppelfragen

Der Modus der direkten Fragen ist der **Indikativ**. Nur Überlegungsfragen
stehen im Konjunktiv (Deliberativ; siehe S. 132).
Von den wirklichen Fragen sind die sogenannten **rhetorischen Fragen** zu
unterscheiden.

2.1 Wortfragen

• Wortfragen fragen nach einer **konkreten Einzelheit**. • Sie beginnen mit einem **Fragewort** (im Deutschen: „W-Fragen").	<u>Quando</u> domum redisti? *Wann bist du nach Hause zurückgekehrt?*

2.2 Satzfragen

• Satzfragen fragen danach, ob der **Inhalt des gesamten Satzes** zutrifft. Es sind lediglich die Antworten **„ja"** oder **„nein"** möglich.	Fuistine iam Romae? *Warst du schon einmal in Rom?*
• Satzfragen werden eingeleitet durch:	
1. an das erste Wort angehängtes **-ne** (unübersetzt) bei Fragen, deren Antwort noch nicht klar ist	Vis<u>ne</u> nobiscum ambulare? *Willst du mit uns spazieren gehen?*
2. **nonne** (etwa nicht; doch wohl) bei Erwartung der Antwort „ja"	<u>Nonne</u> promisisti te mox venturum esse? *Hast du nicht versprochen, bald zu kommen?*
3. **num** (etwa) bei Erwartung der Antwort „nein"	<u>Num</u> me deserere vis? *Willst du mich etwa im Stich lassen?*

2.3 Doppelfragen

Doppelfragen stellen **zwei Möglichkeiten zur Wahl**:

- Die **erste Möglichkeit** wird eingeleitet durch:

  1. **utrum**

  <u>Utrum</u> venies an Romae manebis?
  Wirst du kommen oder in Rom bleiben?

  2. ans erste Wort angehängtes **-ne**

  Venie<u>sne</u> an Romae manebis?

  3. (seltener) kein Fragepronomen

  Venies an Romae manebis?

- Die **zweite Möglichkeit** wird eingeleitet durch **an** („oder").

Besonderheit

Gelegentlich findet sich nur der zweite Teil einer Frage; **an** wird dann mit „etwa" übersetzt.

An mihi irasceris?
Zürnst du mir etwa?

2.4 Rhetorische Fragen

Rhetorische Fragen sind Fragen, bei denen die **Antwort ohnehin klar** ist und die eigentlich **Aussagen** sind.

Quis te magis amat quam parentes?
Wer liebt dich mehr als deine Eltern?
(Eigentliche Aussage: *Keiner liebt dich mehr als deine Eltern!*)

Besonderheit

In der oratio obliqua werden rhetorische Fragen wie Hauptsätze behandelt (S. 164).

Nebensätze

- Ein **Nebensatz** ist ein unselbstständiger Satz, d. h. er ist einem anderen Satz **untergeordnet**.

- Ein Nebensatz beginnt mit einer **Subjunktion** oder einem **Relativ- oder Fragepronomen**.

- Man spricht bei einer Verbindung von Haupt- und Nebensatz bzw. -sätzen von einem **Satzgefüge**.

Te convenire non possum,
quia aeger sum.
Ich kann dich nicht treffen, weil ich krank bin.

Je nachdem, welche Funktion ein Nebensatz in einem Satzgefüge hat, unterscheidet man nach
- Subjektsätzen
- Objektsätzen
- Adverbialsätzen
- Attributsätzen (meist Relativsätzen).

1 Die Zeitenfolge in abhängigen Sätzen

Das Tempus des Nebensatzes wird durch sein Zeitverhältnis zum Hauptsatz bestimmt. Man nennt dieses Zeitverhältnis **Consecutio temporum**. Das Zeitverhältnis kann (vom Nebensatz her betrachtet)
- **gleichzeitig**,
- **vorzeitig** oder
- **nachzeitig** sein.

1.1 Consecutio temporum bei indikativischen Nebensätzen

- Bei **Gleichzeitigkeit** ist das **Tempus** von HS und NS **gleich**.

Si vales, gaudeo.
Ich freue mich, wenn du gesund bist / es dir gut geht.

- Bei **Vorzeitigkeit** gelten folgende Regeln:

HS	NS	
Präsens	Perfekt	Adulescentes non volunt *(Präs.)*, quod pueri voluerunt *(Perf.)*. *Junge Leute wollen nicht mehr, was sie als Kinder wollten.*
Imperfekt, Perfekt, Plusquamperfekt	Plusquamperfekt	Heri amicum visitavi *(Perf.)*, qui diu a patria afuerat *(Plusquamperf.)*. *Gestern besuchte ich einen Freund, der der Heimat lange fern gewesen war.*
Futur, Imperativ	Futur II	Cum amicos convenero *(Futur II)*, multa narrabo *(Futur I)*. *(Immer) wenn ich meine Freunde getroffen habe (treffe), werde ich viel zu erzählen haben.*

- Die **Nachzeitigkeit** findet sich nur sehr selten.

1.2 Consecutio temporum bei konjunktivischen Nebensätzen

Bei **konjunktivischen Nebensätzen** ist das **Zeitverhältnis** zu beachten und, ob der **Hauptsatz** in einem sog. Haupt- oder Nebentempus steht:

Haupttempus   Präsens, präsentisches Perfekt, Futur I oder II

Rogatis, quando venerimus. *Ihr fragt, wann wir gekommen seien.*

Nebentempus   alle Vergangenheitszeiten; historischer Infinitiv

Rogabatis, quando venissemus. *Ihr fragtet, wann wir gekommen seien.*

- Dabei gelten folgende Regeln:

Gleichzeitigkeit

HS	NS	
Haupttempus	Konj. Präsens	Parentes rogant, quem amici visitent *(Konj. Präs.)*. *Die Eltern fragen, wen die Freunde besuchen.*
Nebentempus	Konj. Imperfekt	

Vorzeitigkeit

HS	NS
Haupttempus	Konj. Perfekt
Nebentempus	Konj. Plus-quamperfekt

Parentes rogaverunt, quando amici profecti essent *(Konj. Plusquamperf.).*
Die Eltern fragten, wann die Freunde abgereist seien.

Die Nachzeitigkeit wird meist durch die Gleichzeitigkeit ersetzt, da es im Lateinischen keinen Konjunktiv im Futur gibt. Ausgedrückt wird sie nur in indirekten Fragesätzen und verneinten Ausdrücken des Zweifelns.

Providendum est, ne liberis quid mali accidat *(Konj. Präs.).*
Man muss dafür sorgen, dass den Kindern nichts Schlimmes geschieht.

Besonderheiten

- Das historische Präsens kann als Haupt- oder Nebentempus eingestuft werden.
- Für Nebensätze zweiten Grades ist das Tempus des unmittelbar übergeordneten Satzes maßgeblich.
- Bei Abhängigkeit von infiniten[1] Verbformen gilt: Bei PPA und PFA und Gerund orientiert sich die Zeitenfolge am nächst übergeordneten finiten Verb. Der Infinitiv und meist auch das PPP bedingen die Zeitenfolge eines Nebentempus.
- Die Consecutio temporum wird nicht beachtet, wenn die Aussage des Nebensatzes sich in die Gegenwart des Sprechers erstreckt oder zeitlose Gültigkeit hat (sog. absolutes Tempus).

[1] Eine infinite Form ist eine Form des Verbs, die im Gegensatz zu einer finiten Form nicht nach Person, Numerus, Tempus oder Modus bestimmt ist.

2 Der Modusgebrauch in abhängigen Sätzen

Nebensätze stehen im Konjunktiv,

- wenn sie von einer Subjunktion eingeleitet werden, nach der der Konjunktiv folgt

Te rogo, <u>ut</u> mihi <u>scribas</u>.
Ich bitte dich, dass du mir schreibst / mir zu schreiben.

- wenn es sich um einen indirekten Fragesatz handelt (vgl. S. 142)

Narra mihi, <u>quid</u> heri <u>egeris</u>.
Erzähl mir, was du gestern getan hast.

- wenn auch im Hauptsatz der Konjunktiv stünde (bei Potentialis, Irrealis, u. Ä.) (vgl. S. 129 ff.)

Si <u>venisses</u>, gavisus essem.
Wenn du gekommen wärst, hätte ich mich gefreut.

- bei adverbialer Sinnrichtung von Relativsätzen (vgl. S. 156 f.)

Caesar legatos misit, <u>qui</u> pacem <u>peterent</u>.
Caesar schickte Gesandte, die um Frieden bitten <u>sollten</u>.

- bei innerer Abhängigkeit, d. h. wenn der Nebensatz die Worte oder die Meinung des übergeordneten Subjekts enthält.

Magister discipulos reprehendit, quod nimis ignavi <u>essent</u>.
Der Lehrer tadelte die Schüler, weil sie (seiner Meinung nach!) allzu untätig seien.

- bei Modusangleichung, d. h. wenn der übergeordnete Satz ebenfalls im Konjunktiv steht. Der Konjunktiv muss dabei im Deutschen nicht nachgebildet werden.

Quis eum <u>diligat</u>, qui omnes <u>oderit</u>?
Wer wird wohl den lieben, der (selbst) alle hasst?

3   Subjekt- und Objektsätze

• Subjektsätze stehen an der Stelle eines **Subjekts**.	In te positum est, ut liberemur. *Es liegt an dir, dass wir befreit werden. (= Unsere Befreiung liegt in deiner Hand.)*
• Objektsätze stehen an der Stelle eines **Objekts**.	Mihi narrat, quid observaverit. *Er erzählt mir, was er beobachtet hat. (= Er erzählt mir seine Beobachtungen.)*

Zu den Subjekt- und Objektsätzen gehören
• abhängige Aussagesätze
• abhängige Begehrsätze
• abhängige Fragesätze
• bestimmte Relativsätze (ab S. 155)

3.1   Abhängige Aussagesätze

Abhängige Aussagesätze beinhalten eine **Tatsache**, mit der die Handlung des übergeordneten Satzes näher erklärt bzw. beschrieben wird.

3.1.1   quod-Sätze

Das **faktische *quod*** steht (stets mit **Indikativ**):

• nach **Wendungen** mit einem **Verb des Handelns** oder Geschehens und einem **wertenden Adjektiv**.

bene facere, quod	gut daran tun, dass	Bene facis, quod avum adiuvas. *Du tust gut daran, dass du dem Großvater hilfst.*
male accidit / evenit / fit, quod	es trifft sich schlecht, dass	

- nach einem tatsächlich vorhandenen oder gedanklich zu ergänzenden **Demonstrativum** im übergeordneten Satz, **das näher erläutert wird**:

id, quod	die Tatsache, dass
ex eo, quod	daraus, dass
nisi, quod	außer dass

Ex eo cognosco te magni animi esse, quod senes adiuvas.
Daraus, dass du alten Menschen hilfst, erkenne ich, dass du edel gesonnen bist.

- gelegentlich nach **Verben des Lobens, Dankens** und der **Gefühlsäußerung**

Liberi dolent, quod pater abit.
Die Kinder empfinden Schmerz darüber, dass der Vater weggeht.

Manchmal geht der *quod*-Satz dem Hauptsatz voran; *quod* übersetzt man dann am besten mit „wenn" oder „was … betrifft", der Hauptsatz kann durch „so wisse" eingeleitet werden.

Quod scribis te mox venturum esse: te statim venire volo.
Wenn du schreibst, dass du bald kommen wirst: (Wisse, dass) ich möchte, dass du sofort kommst!

3.1.2 ut-Sätze

- *ut*-Sätze können **nach unpersönlichen Ausdrücken** die Subjektstelle füllen. Sie stehen im **Konjunktiv**:

fit, ut	es geschieht, dass
accidit, ut	es ereignet / ereignete sich, dass
contingit, ut	es gelingt, dass

Accidit, ut viri innocentes capitis damnentur.
Es kommt vor, dass unschuldige Männer zum Tod verurteilt werden.

- *ut*-Sätze können auch ein **Substantiv näher erläutern**. Dieses sogenannte **„explikative" ut** wird mit **„(nämlich) dass"** übersetzt. Der *ut*-Satz steht auch hier im **Konjunktiv**.

Apud maiores lex severissima erat, ut patri filium occidere liceret.
Es gab bei den Vorfahren ein sehr strenges Gesetz, (nämlich) dass es dem Vater erlaubt war, seinen Sohn zu töten.

3.2 Abhängige Begehrsätze

Abhängige Begehrsätze sind **Objektsätze**, die den **Inhalt eines Wunsches oder Befehls** angeben. Die Subjunktionen sind:
- *ut* (dass),
- verneint: *ne* (dass nicht).

Ihr Modus ist der **Konjunktiv**.

- Begehrsätze stehen **nach Verben des Begehrens, Aufforderns, Bittens, Wünschens, Strebens,** u. Ä.:

orare, ut	bitten	Te rogo, ut mihi scribas.
rogare, ut		*Ich bitte dich, dass du mir*
postulare, ut	fordern	*schreibst / mir zu schreiben.*
imperare, ut	befehlen	
suadere, ut	raten	
persuadere[1], ut	überreden	
monere[1], ut	mahnen	
videre[1], ut	zusehen	
optare, ut	wünschen	
operam dare, ut	sich Mühe geben	Date operam, ne quid amittatis.
id agere, ut	darauf hin-arbeiten	*Gebt euch Mühe, dass ihr nichts verliert / nichts zu verlieren.*
contendere[1], ut	sich anstrengen	

- Nach den **Verben des Fürchtens[2]** bedeuten die Subjunktionen:
  ut: dass nicht
  ne: dass

timere		Timeo, <u>ne</u> quid graviter feras.
metuere ⎬ *ne*	fürchten, dass	*Ich fürchte, <u>dass</u> du über etwas un-*
vereri		*gehalten bist.*

[1] Mit AcI verbunden haben folgende Verben eine andere Bedeutung als mit einem ut-Satz: *persuadere* m. AcI: überzeugen; *monere* m. AcI: erinnern; *videre* m. AcI: sehen; *contendere* m. AcI: behaupten.

[2] Die Verben des Fürchtens und Hinderns sind den Verben des Begehrens inhaltlich verwandt, da sie den Wunsch beinhalten, dass etwas nicht geschieht.

periculum est, ne	es besteht die Gefahr, dass	Periculum est, <u>ut</u> (!) aestum sustineas. *Es besteht die Gefahr, <u>dass</u> du die Hitze <u>nicht</u> aushältst.*
impedire, ne	(daran) hindern, dass	

- Nach den **Verben des Hinderns** bedeuten die Subjunktionen

ne	**dass**
quominus	**dass**
quin	**dass**
(nach verneintem Vordersatz)	

impedire, ne	hindern, dass	Impeditur, ne alios laedat. *Er wird daran gehindert, andere zu verletzen.*
prohibere, ne	abhalten (davon), dass; (ver)hindern, dass	Prohiberi non potuit, quin alios laederet. *Er konnte nicht daran gehindert werden, andere zu verletzen.*
recusare, ne	sich weigern, dass	Recuso, ne hos labores subeam. *Ich weigere mich, diese Strapazen auf mich zu nehmen.*
cavere, ne	sich hüten, dass	

3.3 Abhängige Fragesätze

Abhängige (**indirekte**) Fragen stehen nach Verben des Fragens, Sagens, Zweifelns und Nichtwissens.

Ihr Modus ist der **Konjunktiv**.

- Abhängige **Wortfragen** werden durch ein Fragewort eingeleitet.

Narra mihi, <u>quid</u> heri egeris.
Erzähl mir, was du gestern getan hast.

- Abhängige **Satzfragen** werden durch **-ne** oder **num** (ob) eingeleitet.

Dic mihi, <u>num</u> pater abierit.
Sag mir, ob der Vater weggegangen ist.

- Abhängige **Doppelfragen** enthalten meist zwei kombinierte Fragepartikel:

utrum ... an	⎫
-ne ... an	⎬ ob – oder
utrum ... necne	⎫
-ne ... necne	⎬ ob – oder nicht

Ex matre quaero, <u>utrum</u> amici (amici<u>ne</u>) Romae sint <u>an</u> ruri/<u>necne</u>.
Ich frage die Mutter, ob die Freunde in Rom sind oder auf dem Land/ oder nicht.

Besonderheiten

- Nach Ausdrücken des **Nicht-Wissens** oder **Zweifelns** bedeutet *an:* **ob nicht**.

incertum est, an	es ist unsicher, ob nicht
dubitare, an	zweifeln, ob nicht

Incertum est, an aliquid mali fecerit.
Es ist unsicher, ob er nicht etwas Schlechtes getan hat.

- Nach **verneinten Ausdrücken des Zweifelns** bedeutet *quin:* **dass**.

non dubitare, quin	nicht daran zweifeln, dass

Nemo dubitat, quin veritas bonum sit.
Niemand zweifelt daran, dass die Wahrheit ein Gut ist.

4   Adverbialsätze

Die Adverbialsätze erfüllen in einem Satzgefüge die **Funktion eines Adverbiales**. Sie vermitteln nähere Angaben über einen Sachverhalt, der im Hauptsatz geschildert wird.

Je nach dieser Angabe unterscheidet man Adverbialsätze
* der Zeit (Temporalsätze)
* der Absicht (Finalsätze)
* der Folge (Konsekutivsätze)
* des Grundes (Kausalsätze)
* der Einräumung (Konzessivsätze)
* des Gegensatzes (Adversativsätze)
* der Bedingung (Konditionalsätze)
* der Art und Weise (Modalsätze)
* des Vergleichs (Komparativsätze)

Sie werden jeweils durch verschiedene **Subjunktionen** eingeleitet.

4.1   Temporalsätze

4.1.1   Angabe eines Zeitverhältnisses

Temporale Adverbialsätze drücken das **Zeitverhältnis** zwischen der Handlung des Hauptsatzes und der des Gliedsatzes aus:

Die Handlung des Gliedsatzes kann in Relation zu der des Hauptsatzes gleichzeitig, vorzeitig oder nachzeitig sein.

* Folgende temporale Subjunktionen drücken **Vorzeitigkeit** aus:

post(ea)quam (m. Ind. Perf.)	nachdem	Postquam amici advenerunt *(Perf.)*, iis hortos ostendi.
cum (<u>hier</u>: m. Konj. Plusquamperf.)	als, nachdem	*Als / Nachdem die Freunde angekommen waren* (im Dt. Plusquamperf.), *zeigte ich ihnen die Gartenanlagen.*

* Folgende temporale Subjunktionen drücken **Gleichzeitigkeit** aus:

dum (m. Ind. Präs.)	während (im Dt. Angleichung der Zeitstufe)	Dum fortiter pugnat *(Präs.)*, ab hostibus circumventus est.

cum	als	*Während er tapfer kämpfte (Imperf.), wurde er von den Feinden umringt.*
(<u>hier</u>: m. Konj. Imperf.)		

- Folgende temporale Subjunktionen drücken **Nachzeitigkeit** aus:

antequam		Hostes non prius fugere destiterunt, quam ad flumen pervenerunt.
ante ... quam		
(meist mit Ind.[1])	*ehe, bevor*	*Die Feinde hörten nicht auf zu fliehen, bevor sie den Fluss erreicht hatten.*
priusquam		
prius ... quam		
(meist mit Ind.[1])		

[1] Der Konj. würde stattdessen eine finale oder potentiale Sinnrichtung ausdrücken.

4.1.2 Angabe zeitlicher Abfolgen

Temporale Adverbialsätze können durch die Subjunktion über das Zeitverhältnis hinaus auch **zeitliche Abfolgen** angeben:

- Einen **Zeitpunkt** bezeichnet die Subjunktion:

cum	(damals,) als	Cum Caesar in Galliam venit, ibi duae factiones erant.
(„cum relativum", m. Ind.)		*(Damals,) als Cäsar nach Gallien kam, gab es dort zwei Parteien.*

- Den **Beginn** einer Handlung markiert die Subjunktion:

cum	seitdem	Quintus annus est, cum te Romae conveni.
(m. Ind.)		*Es ist (schon) das fünfte Jahr, seitdem ich dich in Rom getroffen habe.*

- Eine **rasche Aufeinanderfolge** drücken diese Subjunktionen aus:

ubi		Ubi (primum) intellexit se opprimi, socios auxilio arcessivit.
ubi primum		
ut, ut primum	*sobald, sowie*	*Sobald er erkannte, dass er bedrängt wurde, holte er die Bundesgenossen zu Hilfe.*
cum primum		
simul, simulac		
(simulatque)		

- Eine Unterbrechung einer Handlung bezeichnet die Subjunktion:

cum   als plötzlich
(„cum inversum",
m. Ind.)

Die wichtige Information enthält hier der Nebensatz.

Modo cenabam, cum nuntius advenit.
Ich speiste gerade, als plötzlich ein Bote kam.

- Die gleiche Dauer drücken folgende Subjunktionen aus:

dum
donec
quoad } solange
quamdiu
(jew. m. Ind.)

Manete, dum vultis!
Bleibt, solange ihr wollt!

- Den Endpunkt einer Handlung markieren die Subjunktionen:

dum
donec } bis
quoad
(jew. m. Ind.)

Manete, dum ego redeo!
Bleibt (so lange), bis ich zurück-komme!

- Die Häufigkeit einer Handlung bezeichnen die Subjunktionen:

quotiens   sooft;
                jedes Mal, wenn

cum   sooft;
(„cum iterativum",   immer, wenn
m. Ind.)

Quotiens te convenio, gaudio afficior.
Jedes Mal, wenn (Sooft) ich dich treffe, freue ich mich (erfüllt mich Freude).

4.2 Finalsätze

- Finalsätze drücken einen **Zweck** bzw. eine **Absicht** aus, die mit einer Handlung verbunden ist.

- Finalsätze stehen im **Konjunktiv**.

- Finalsätze beginnen mit:

ut (bei gleichem Subjekt in HS und NS)	dass, damit; um … zu
quo **ut eo** (vor Komparativ)	damit umso, damit desto
ne	damit nicht, dass nicht

Romam veni, ut te convenirem.
Ich bin nach Rom gekommen, um dich zu treffen.

Lex brevis sit, quo / ut eo facilius capiatur.
Ein Gesetz soll kurz sein, damit es umso leichter begriffen wird.

4.3 Konsekutivsätze

- Konsekutivsätze geben eine **Folge** an, die sich aus der Handlung des übergeordneten Satzes ergibt.

- Sie stehen stets im **Konjunktiv**.

- Oft weist ein **Demonstrativum** auf den Folgesatz hin.

- Konsekutivsätze werden eingeleitet durch:

ut	(so)dass
ut non	(so)dass nicht

Latine sic loquitur, ut Romae natus videatur.
Er spricht so (gewandt) Lateinisch, dass es scheint, als sei er in Rom geboren.

Amicus tam diu domi afuerat, ut eum redientem non cognoscerem.
Der Freund war so lange von zu Hause weggewesen, dass ich ihn bei der Rückkehr nicht erkannte.

4.4 Kausalsätze

- Kausalsätze geben den Grund für das Ereignis oder den Sachverhalt im übergeordneten Satz an.

- Nach folgenden Subjunktionen steht der Indikativ:

quod, quia	weil
quoniam	weil ja, da ja

Amicus abit, quia vocatus est.
Der Freund geht weg, weil er gerufen wurde.

- Nach folgenden Subjunktionen steht der Konjunktiv:

cum („cum causale")	da
quippe cum	da ja
praesertim cum	besonders da

Cum tibi adhuc negotia agenda essent, profectus non es.
Da du noch Geschäfte zu erledigen hattest, bist du nicht aufgebrochen (freier: gegangen).

4.5 Konzessivsätze

- Konzessivsätze bezeichnen die Einräumung eines Sachverhalts, der im Gegensatz zur Aussage des übergeordneten Satzes steht.

- Nach folgenden Subjunktionen steht der Konzessivsatz im Indikativ:

quamquam	obwohl, obgleich
etsi etiamsi tametsi	auch wenn, selbst wenn

Tibi succurram, quamquam alii me exspectant.
Ich werde dir helfen, obwohl die anderen auf mich warten.

- Nach folgenden Subjunktionen steht der Konzessivsatz im Konjunktiv:

cum („cum concessivum")	obwohl, obgleich

Tibi succurram, cum a te graviter offensus sim.

quamvis	obgleich; wie sehr auch	*Ich werde dir helfen, obwohl ich von dir schwer beleidigt worden bin.*
licet } *sane* }	angenommen; mag auch	Licet me offenderis, tibi sucurram. *Magst du mich (auch) beleidigt haben, ich werde dir (dennoch) helfen.*
ut	zugegeben, dass; wenn auch	

4.6 Adversativsätze

- Adversativsätze setzen einen Sachverhalt in **Gegensatz** zu einem anderen.

- Nach der folgenden Subjunktion, die Adversativsätze einleitet, steht der **Konjunktiv**:

cum („cum adversativum")	während (dagegen)	Cum ceteri recusarent, hic solus paratus erat ad eos labores ferendos. *Während die Übrigen sich weigerten, war dieser allein bereit, diese Mühen zu tragen.*

4.7 Konditionalsätze

- Konditionalsätze beinhalten die **Bedingung**, unter der das Geschehen des Hauptsatzes eintritt oder eintreten kann.

- **Reale Bedingungen**, unter denen das Geschehen des Hauptsatzes tatsächlich eintritt, stehen im **Indikativ (Realis)**.

Si hoc dicis, mentiris.
Wenn du das sagst, (dann) lügst du.

- **Potentiale Bedingungen**, unter denen das Geschehen des Hauptsatzes möglicherweise eintritt, stehen im **Konjunktiv Präsens** oder **Perfekt (Potentialis)**.

Si hoc dicas, mentiaris.
(= Si hoc dixeris, mentitus sis).
Wenn du das sagen solltest, dürftest du lügen (lügst du wohl).

- **Irreale Bedingungen**, unter denen das Geschehen des Hauptsatzes nicht eintritt, stehen im Konjunktiv **Imperfekt** oder **Plusquamperfekt (Irrealis)**.

Si hoc diceres, mentireris.
Wenn du das sagen würdest, würdest du lügen.

Si hoc dixisses, mentitus esses.
Wenn du das gesagt hättest, hättest du gelogen.

- Die häufigsten konditionalen **Subjunktionen** sind:

si	wenn, falls
nisi	wenn nicht, falls nicht
quod si	wenn nun, wenn aber
sin *sin autem* }	wenn aber
si modo (meist m. Ind.)	*wenn nur*
dum(modo) *modo* (m. Konj.) }	wenn nur
quod nisi	wenn aber nicht
sive ... sive (m. Ind.)	sei es dass ... oder dass

Memoria minuitur, nisi eam exerceas.
Das Gedächtnis verringert sich, falls du es nicht trainierst.

Oderint, dum metuant.
Mögen sie mich hassen, wenn sie mich nur fürchten.

si non[1]	wenn nicht,	
*si minus*****	andernfalls	
nisi forte	wenn nicht	Proficiscamur –
nisi vero	gerade;	nisi forte tibi negotia
(m. Ind.)*****	es sei denn, dass	agenda sunt.
		Lasst uns aufbrechen – wenn du nicht gerade Geschäfte erledigen musst.
dummodo ne	wenn nur nicht	
(m. Konj.)*****		
Merke besonders		
nisi non	nur, außer	
nisi nihil	nichts außer, nur	De mortuis ni(hi)l nisi bene!
nisi nemo	keiner außer, nur	*Über Verstorbene (sage man) nur Gutes!*

[1] *Si non* wird im Unterschied zu *nisi* gebraucht, wenn ein einzelnes Wort oder der Inhalt des Bedingungssatzes als Ganzes verneint werden soll, *nisi* schränkt die Geltung des Folgerungssatzes ein.

4.8 Modalsätze

- Modalsätze geben die **Art und Weise** an, in der die Handlung des übergeordneten Satzes abläuft.

- Sie stehen stets im **Indikativ** nach der folgenden Subjunktion:

cum	dadurch, dass;	Cum tacent, consentiunt.
(m. Ind., „cum coincidens / cum explicativum")	indem; wenn	*Indem sie schweigen, stimmen sie zu.*

4.9 Komparativsätze

- Komparativsätze **vergleichen** Handlungen oder Sachverhalte nach deren Grad oder Art und Weise der Ausführung.

- Der Vergleich kann durch **Korrelativa** (Adjektive, Pronomina, Adverbien) ausgedrückt werden:

idem ... qui	derselbe, der	Idem maneas, qui semper eras. *Mögest du derselbe bleiben, der du immer warst.*
talis ... qualis	ein solcher ... wie; so (beschaffen) ... wie	Talis es, qualis soror tua (est). *Du bist so (,) wie deine Schwester (ist).*
tantus ... quantus	so groß ... wie	
tam ... quam (bei Adj.)	so ... wie	Tam probus est quam pater. *Er ist so tüchtig wie sein Vater.*
ita ... ut *sic ... ut* (bei Verben)	so ... wie	Ut modestiam laudas, sic superbiam reprehendis. *Wie du Bescheidenheit lobst, so tadelst du Hochmut.*
tot ... quot	so viele ... wie	

- Bei ähnlichen Vergleichsgrößen wird der Vergleich durch **atque** bzw. **ac** (als / wie) ausgedrückt:

idem ... atque	derselbe ... wie	Eadem mihi laudanda videntur ac tibi. *Mir erscheint dasselbe lobenswert wie dir.*
aequus ... atque *par ... atque*	gleich ... wie	
alius ... atque	ein anderer ... als	Aliud dicis atque sentis. *Du sagst etwas anderes, als du (wirklich) meinst.*
aliter ... atque	anders ... als	

- Bei verschiedenen Vergleichsgrößen wird der Vergleich folgendermaßen ausgedrückt:

quam	als	Praestat iniuriam accipere quam facere. *Es ist besser, Unrecht zu erleiden als (Unrecht) zu tun.*
non minus ... quam*	nicht weniger ... als; ebenso (sehr) ... wie	
quo ... eo *quanto ... tanto* }	je ... desto	Quo maior, eo difficilior. *Je größer (wichtiger), desto schwieriger.*

- Irreale Vergleiche werden mittels **Verbindungen mit si** formuliert.

quasi *tamquam si* *ut si* <small>(m. Konj.)</small> }	wie wenn, als ob	Sic loquitur, quasi omnia sciat. *Er redet so, als ob er alles wüsste.*
perinde ac si *proinde ac si* *velut si* *ac si* <small>(m. Konj.)</small> }	*gerade als ob	Sic se gerit, velut si omnia sciat. *Er benimmt sich gerade so, als wüsste er alles.*

4.10 *ut* und cum im Überblick

ut mit Indikativ		ut mit Konjunktiv	
ut ... (ita / sic)[1] (beim Vergleich)	*wie ... (so)*	ut (in Begehrsätzen)	*dass*
ut si	*wie wenn*	ut (in reinen Finalsätzen)	*dass, damit, um ... zu*
ut (primum) (temporal)	*sobald (als)*	ut (final, nach Verben des Fürchtens)	*dass nicht*
		ut (behauptend)	*dass*
		ut (konsekutiv)	*sodass*
		ut (konzessiv)	*angenommen, dass; wenn auch*

[1] *ut ... ita / sic*: gelegentlich „zwar ... aber"

cum mit Indikativ		cum mit Konjunktiv	
cum (cum relativum)	*damals, als; (dann), wenn; seitdem*	cum m. Konj. Imperf. bzw. Plusquamperf. (cum historicum)	*als; nachdem* (bei Vorzeitigkeit)
cum m. Ind. Perf. (cum inversum)	*als (plötzlich), da*	cum (cum causale)	*da, weil*
cum (cum iterativum)	*sooft; immer, wenn*	cum (cum concessivum)	*obwohl, obgleich; wenn auch*
cum (cum coincidens)	*indem; dadurch, dass*	cum (cum adversativum)	*während (dagegen)*
cum primum m. Ind. Perf. (cum temporale)	*sobald (als)*	cum (cum modale)	*wobei*

5 Relativsätze

5.1 Form

- Relativsätze werden durch eine Form des **Relativpronomens** (*qui, quae, quod*) eingeleitet.

Id, q<u>uod</u> heri accidit.
Das, <u>was</u> gestern geschah.

- Das Relativpronomen richtet sich in **Genus** und **Numerus** nach seinem **Bezugswort**.
Bezieht es sich auf den ganzen übergeordneten Satz, so steht:

(id) quod
quae res } was

Me deseruisti, (id) q<u>uod</u> fieri non debuit.
Du hast mich im Stich gelassen, was nicht hätte geschehen dürfen.

- Der **Kasus** des Relativpronomens wird durch die Konstruktion des Relativsatzes bestimmt.

Amicum novi, <u>cui</u> maxime confidis.
Ich kenne den Freund, dem du ganz besonders vertraust.

- Gelegentlich ist das Bezugswort in den Relativsatz hineingezogen. Im Deutschen muss es wieder in den Hauptsatz gesetzt werden.

Misit mihi, q<u>uem</u> habebat <u>servum</u> fidelissimum.
Er schickte mir den treuesten <u>Sklaven, den</u> er hatte.

5.2 Indikativische Relativsätze

Im **Indikativ** stehen Relativsätze,

- die **nur** die Funktion eines **Attributes** haben

aedificium, quod hic videmus
das Gebäude, das wir hier sehen

- die ein **verallgemeinerndes Relativpronomen** enthalten, z. B.

quisquis
quicumque } wer auch immer

quotquot
quotcumque } wie viele auch immer

Quisquis inopia premitur, adiuvetur.
Wer immer von Not bedrängt wird, soll unterstützt werden.

5.3 Konjunktivische Relativsätze

Relativsätze stehen im Konjunktiv
- wenn sie einen **Potentialis** oder **Irrealis** enthalten (vgl. S. 130 f.).
- in der **Oratio obliqua** (vgl. S. 163).
- wenn sie innerlich abhängig sind (vgl. S. 138).
- bei **Modusattraktion**, d. h. wenn das Hauptverb des übergeordneten Satzes im Konjunktiv oder Infinitiv steht.
- bei adverbialem Nebensinn des Relativsatzes.

Relativsätze mit adverbialem Nebensinn

Konjunktivische Relativsätze können folgende **Sinnrichtungen** haben:

- **final** (Zweck, Absicht) nach Verben des Schickens, Kommens, Gebens:
  Im Deutschen Einfügung von **„sollen"** bzw. Umwandlung in einen Finalsatz beginnend mit **„damit / um ... zu"**

  Caesar legatos misit, qui pacem pet<u>e</u>rent.
  Cäsar schickte Gesandte, die um Frieden bitten <u>sollten</u> (<u>damit</u> diese um Frieden baten).

- **kausal** (Grund):
  Im Deutschen Einfügung der Partikel **„ja"**/**„(ja) doch"** oder Umwandlung in einen Kausalsatz mit **„weil"** bzw. **„da"**.

  Te omnes amant mulieres, qui s<u>is</u> tam pulcher. *(Plautus)*
  Dich, der du <u>ja</u> so schön bist, lieben alle Frauen. (Dich lieben alle Frauen, <u>weil</u> du so schön bist.)

- **konzessiv** oder (selten) **adversativ** (Einschränkung / Gegensatz):
  Im Deutschen Umwandlung in einen Konzessiv-/Adversativsatz mit **„obwohl"** bzw. **„während"**.

  Cur eos sic admiraris, quos numquam ipsos videris?
  Warum bewunderst du diese so, <u>obwohl</u> du sie persönlich niemals gesehen hast?

- **restringierend** (Einschränkung):
  in festen Redewendungen, z. B.

quod meminerim	soweit ich mich erinnere
quod sciam	soweit ich weiß

  Quod meminerim, eum ter conveni.
  Soweit ich mich erinnere, habe ich ihn dreimal getroffen.

- **konsekutiv**/explikativ (Folge; oft eine Art Definition), häufig nach Wendungen wie:

non sum is, qui ...	ich bin keiner, der ...
sunt, qui ...	es gibt Leute, die ...
non desunt, qui ...	es fehlt nicht an Leuten, die ...
reperiuntur, qui ...	es finden sich Leute, die ...
quis est, qui ...?	wen gibt es, der ...?
(non) est, quod ...	es besteht (kein) Grund (dafür), dass ...
(non) habeo, quod ...	ich habe (keinen) Grund dazu, dass ...

Non sum is, qui periculis terrear.
Ich bin keiner, der durch Gefahren erschreckt werden <u>könnte</u> (der sich durch Gefahren erschrecken <u>ließe</u>).

Im Deutschen kann der Konjunktiv dabei oft unberücksichtigt bleiben. Man kann ihn jedoch auch mit **„können/könnten"** ausdrücken.

Multi sunt, quibus hoc placeat.
Es gibt viele, denen dies gefällt (gefallen könnte).

- nach bestimmten **Adjektiven** wie *(in)dignus, aptus, idoneus*. Im Deutschen Wiedergabe mit **Infinitiv**.

Dignus es, qui honore afficiaris.
Du bist es wert, geehrt zu werden. (Du bist würdig, geehrt zu werden.)

5.4 Der relative Satzanschluss

- Wenn ein **Hauptsatz** mit einem **Relativpronomen** beginnt, das sich auf ein Wort des vorangehenden Satzes bezieht, wird das Relativpronomen **wie ein Demonstrativpronomen** übersetzt.

Libri ad multas res utiles sunt.
Quos legite studiose!
Bücher sind für viele Dinge nützlich.
Lest diese also aufmerksam!

- Das **logische Verhältnis** der Sätze wird im Deutschen durch **Einfügung eines Partikels** dargestellt, z. B. „und", „aber", „doch", „daher", „nämlich", „also".

Quos legite studiose!
Lest diese also aufmerksam!

- Häufig sind folgende feste Wendungen:

quo facto	hierauf	
qua re *quam ob rem* *qua de causa*	daher, deshalb	Amicus morbo confectus est. Qua re ei auxilio opus est. *Der Freund ist von einer Krankheit geschwächt. Daher braucht er Hilfe.*
quod si	wenn nun, wenn also, wenn aber	
unde	daher	
qua re cognita *quibus rebus cognitis*	nachdem dies bekannt geworden war; auf diese Kunde (hin)	Quibus rebus cognitis Caesar celeriter profectus est. *Auf diese Kunde hin brach Caesar schnell auf.*
quibus rebus gestis	danach	Quibus rebus gestis Romani castra moverunt. *Hierauf verlegten die Römer ihr Lager.*
quae cum ita sint	da dies so ist; unter diesen Umständen	
quae dum geruntur	während dies geschieht; während dieser Ereignisse	

5.5 Verschränkte Relativsätze

Ein Relativsatz kann mit anderen Satzkonstruktionen eine enge Verbindung eingehen. Ein derartiges Satzgefüge muss im Deutschen umgeformt werden.

5.5.1 Verschränkung mit AcI / NcI

- Bei Verschränkung eines Relativsatzes mit einem **AcI / NcI** empfiehlt es sich, zunächst den Relativsatz durch Punkt oder Strichpunkt vom Hauptsatz abzutrennen und die beiden Sätze **getrennt** zu übersetzen.

Discipuli orationem Ciceronis legunt, quem oratorem praestantissimum fuisse constat.

Hilfsübersetzung:
Die Schüler lesen eine Rede Ciceros. Es ist bekannt, dass dieser ein ganz hervorragender Redner war.

- Für die endgültige Übersetzung gibt es folgende Möglichkeiten:

  1. **Parenthese**

  2. **adverbialer Ausdruck**

  3. **Präpositionalgefüge**

Endgültige Übersetzung:
…, der, wie bekannt ist, ein ganz hervorragender Redner war.

…, der bekanntlich ein ganz hervorragender Redner war.

…, qui orator praestantissimus fuisse putatur.

…, der nach allgemeiner Meinung ein ganz hervorragender Redner war.

5.5.2 Verschränkung mit einer Partizipialkonstruktion

Bei Verschränkung eines Relativsatzes mit einem **Participium coniunctum** oder einem **Ablativus absolutus** ist im Deutschen meist nur die **Wiedergabe mit einem Präpositionalgefüge** möglich.

Venit amicus, quem conspiciens valde gavisus sum.
Es kam ein Freund, bei dessen Anblick ich mich sehr freute.

Venit nuntius cum epistula amici, qua lecta valde gavisus sum.
Es kam ein Bote mit einem Brief eines Freundes, nach dessen Lektüre ich mich sehr freute.

5.5.3 Verschränkung mit einem Gliedsatz

Bei Verschränkung eines Relativsatzes mit einem **Gliedsatz** gibt es je nach Art des Gliedsatzes eine große **Variationsbreite** an Übersetzungsmöglichkeiten. Eine feste Regel lässt sich hierfür nicht aufstellen.

Sunt multae res, quas orator a natura nisi habet, a magistro non multum adiuvatur.

Hilfsübersetzung:
Es gibt viele Dinge, bei denen, wenn ein Redner sie nicht von Natur aus hat, ihm von einem Lehrer nicht viel geholfen werden kann.

Endgültige Übersetzung:
Es gibt viele Dinge, bei deren Fehlen von Natur aus einem Redner auch von einem Lehrer nicht viel geholfen werden kann.

5.5.4 Verschränkung mit einem Ablativus comparationis*

- Bei Verschränkung eines Relativsatzes mit einem **Ablativus comparationis** empfiehlt sich zunächst eine Hilfsübersetzung mit **„im Vergleich zu"**.

- Der **Komparativ** im Relativsatz wird dann im Deutschen **durch einen Superlativ ersetzt** und aus dem Relativsatz gezogen.

Fama iam ubique perlata erat, qua nihil est celerius.

Hilfsübersetzung:
Das Gerücht hatte sich schon überall verbreitet, im Vergleich zu dem es nichts Schnelleres gibt.

Endgültige Übersetzung:
Das Gerücht, das Schnellste, was es gibt, hatte sich schon überall verbreitet.

Oratio obliqua

Die Oratio recta (direkte Rede) gibt eine Äußerung unmittelbar im Wortlaut wieder (markiert durch Anführungszeichen).
Die Oratio obliqua dagegen bezeichnet die **abhängige / indirekte Rede**: Sie gibt die **Äußerungen (Gedanken, Meinung) einer dritten Person** mittelbar wieder und wird verwendet, um darauf hinzuweisen, dass die wiedergegebene **Aussage nicht von der sprechenden Person selbst** stammt.

• Die Oratio obliqua ist abhängig von einem (ausdrücklich genannten oder zu ergänzenden) **verbum dicendi** oder auch **sentiendi**.	<u>Dicit</u> eam aegram esse. *Er sagt, sie sei krank.*
• Dieses übergeordnete Verb erscheint in der Regel nur **am Anfang** eines Abschnittes in indirekter Rede.	

1 Übersetzungsmöglichkeiten

• In der Regel wird die Oratio obliqua im Deutschen im **Konjunktiv I** wiedergegeben.	Eam aegram esse. *Sie <u>sei</u> krank.* Eum domo exire. *Er <u>gehe</u> aus dem Haus.*
• Lediglich in Fällen, in denen der Konjunktiv I und der Indikativ nicht unterscheidbar sind, ist der Konjunktiv II zulässig.	Eos dixisse, … *Sie <u>hätten</u> gesagt, …* Eos brevi venturos esse. *Sie <u>würden</u> bald kommen.*

2 Besonderheiten der Umformung

Aus der Umformung direkter Rede in einen **Bericht über eine Rede** ergeben sich **Veränderungen** im Gebrauch der Pronomina, Tempora und Modi.

2.1 Pronomina

* Pronomina der **1. Person** *(ego, nos)* werden in die der **3. Person** (Reflexivpronomen) verwandelt.

direkte Rede
(Dixit:) „Iis auxilio veniam.“
(Er sagte:) „Ich werde ihnen helfen.“

indirekte Rede
(Dixit) <u>se</u> iis auxilio venturum esse.
(Er sagte,) er werde ihnen helfen.

* Pronomina, die sich auf die **sprechende(n) Person(en)** beziehen, werden **reflexiv** *(sui, sibi, se;* entsprechend Possessivpronomen: *suus, -a, -um).*

direkte Rede
(Mater dixit:) „Filia mea mihi cordi est.“
(Die Mutter sagte:) „Meine Tochter liegt mir am Herzen.“

indirekte Rede
(Mater dixit) filiam <u>suam</u> <u>sibi</u> cordi esse.
Ihre Tochter liege ihr am Herzen.

* Sie können durch Formen von *ipse, ipsa, ipsum* verstärkt werden.

direkte Rede
(Amica dixit:) „Ego puto …“
(Die Freundin sagte:) „Ich (für meinen Teil) glaube, …“

indirekte Rede
(Amica dixit) <u>se ipsam</u> putare …
Sie (für ihren Teil) glaube, …

* Als Pronomina zur Bezeichnung der **angeredeten 2. Person** wie **dritter Personen** dienen *is, ea, id* bzw. *ille, illa, illud*.

direkte Rede
(Magister dixit:) „Venite omnes!“
(Der Lehrer sagte:) „Kommt alle!“

indirekte Rede
(Magister dixit,) (ut) ii omnes venirent.
Sie sollten alle kommen.

2.2 Tempusgebrauch

Der Tempusgebrauch für die im Konjunktiv stehenden Nebensätze folgt den Regeln der **Consecutio temporum** (S. 135 ff.).

2.3 Modi

* Im **AcI** (Verneinung: *non*) stehen in der Oratio obliqua **Hauptsätze**, die **Aussagen** enthalten.

direkte Rede
„Marcus fortis est."
„Markus ist tapfer."

indirekte Rede
(Narrat) Marc<u>um</u> fort<u>em</u> esse.
(Er erzählte,) Markus sei tapfer.

* Im **Konjunktiv** (evtl. durch *ut* verstärkt; Verneinung: *ne*) stehen in der Oratio obliqua **Hauptsätze**, die Folgendes enthalten:

eine **Bitte** / einen **Wunsch**

direkte Rede
(Dixit:) „Brevi redeat!"
(Er sagte:) „Hoffentlich kehrt er bald zurück!"

indirekte Rede
(Dixit:) Brevi red<u>ire</u>t.
Hoffentlich kehre er bald zurück!

einen **Befehl**

direkte Rede
(Dixit:) „Redite!"
(Er sagte:) „Kehrt zurück!"

indirekte Rede
(Dixit,) (ut) red<u>ire</u>nt.
Sie sollten zurückkehren.

ein **Verbot**

direkte Rede
(Dixit:) „Ne abieritis!"
(Er sagte:) „Geht nicht weg!"

indirekte Rede
(Dixit,) ne abi<u>re</u>nt!
Sie sollten nicht weggehen.

- **Rhetorische Fragen** stehen in der Oratio obliqua im **AcI**.

  direkte Rede
  (Magister:) „Quis hoc ignorat?"
  (Der Lehrer fragt:) „Wer weiß das nicht?"

  indirekte Rede
  (Magister miratus est:) Quem hoc ignorare?
  (Der Lehrer wunderte sich:) Wer wisse das nicht?

- **(Tatsächliche) Fragen** stehen in der Oratio obliqua im **Konjunktiv**.

  direkte Rede
  (Mater:) „Quando redibis, Marce?"
  (Die Mutter fragt:) „Wann wirst du zurückkehren, Markus?"

  indirekte Rede
  (Mater rogavit,) quando Marcus rediret.
  (Die Mutter fragte,) wann Markus zurückkehren werde.

- Alle **Nebensätze** stehen in der Oratio obliqua im **Konjunktiv**.

  direkte Rede
  (Mater:) „Quia sero redis, tibi irascor, Marce!"
  (Die Mutter sagt:) „Weil du zu spät zurückkommst, zürne ich dir, Markus!"

  indirekte Rede
  (Mater) dixit se Marco irasci, quia sero rediret.
  (Die Mutter sagte,) sie zürne dem Markus, weil er zu spät zurückkomme.

- Eine Ausnahme bilden eigene **Zusätze des Berichterstatters**. Sie können im **Indikativ** stehen.

  Dixerunt se Condrusos, Eburones, ..., qui uno nomine Germani appellantur, arbitrari ad XL milia.
  (nach Caesar, B. G. II 4, 10)
  Sie sagten, sie schätzten die Kondruser, die Eburonen und ..., die zusammen „Germanen" genannt werden, auf 40 000.

Stichwortverzeichnis